AF313273

GRAND QUARTIER GÉNÉRAL

DES ARMÉES

DU NORD ET DU NORD-EST

—

ÉTAT-MAJOR

—

3ᵉ BUREAU ET I. G. A.

Avril 1918.

CARNET DE GRAPHIQUES

POUR

LE CANON DE 75

(2ᵉ édition mise à jour au 1ᵉʳ novembre 1921,
avec le rectificatif et l'addendum.)

TABLE DES MATIÈRES.

TITRE III. — Obus explosifs (charge réduite, poudre BC).

NOTICE.

Ce carnet réunit les éléments balistiques nécessaires à la préparation et
au réglage d'un tir. Il est disposé de manière à éviter à l'officier de batterie tout calcul autre que quelques additions très simples.

Le carnet de graphiques comprend des graphiques proprement dits et
des tables graphiques dont l'emploi est décrit ci-après.

Flèches. — On lit la flèche sur la graduation inférieure, en face du
point de la graduation supérieure correspondant à la portée à laquelle on
va tirer.

Angle vent-plan de tir. — On entre par l'échelle supérieure et l'on
part du point correspondant à la direction du tir, évaluée approximative-
ment en millièmes à partir du Nord Lambert. On suit la verticale issue de
ce point, en se guidant sur les lignes rouges, jusqu'à ce qu'on rencontre
la ligne oblique noire correspondant à la direction du vent donnée par le
sondage. On change alors de direction et l'on suit une horizontale jusqu'à
l'échelle de droite sur laquelle on lit l'angle cherché, soit a, qui est ex-
primé en décagrades.

Correction de vent transversal. — On part de la vitesse du vent à
gauche ou à droite; on suit une horizontale jusqu'à l'oblique noire marquée de l'angle a; on change de direction vers le bas et l'on suit une verticale jusqu'à l'oblique noire marquée de la portée; on suit enfin une horizontale jusqu'à l'échelle de droite ou de gauche, sur laquelle on lit la
correction avec son signe. *On ne doit jamais traverser la région blanche du
milieu afin d'éviter les erreurs de signe.*

Dérivation. — Même mode d'emploi que pour la table graphique des flèches.

Correction de vent longitudinal. — Même mode d'emploi que pour le vent transversal.

Correction de densité de l'air. — Si l'on connaît la température et la pression, on entre par cette dernière (1), lue sur l'échelle verticale de gauche et du haut. On suit une horizontale jusqu'à l'oblique noire marquée de la température, puis une verticale jusqu'à l'oblique noire marquée de la distance de tir et enfin une horizontale, jusqu'à l'échelle verticale de droite ou de gauche et du bas, sur laquelle on lit la correction, avec son signe.

Si l'on connaît le poids du mètre cube d'air, on part de l'échelle horizontale du milieu, sur laquelle on lit ce poids. On suit une verticale vers le bas et l'on continue comme précédemment.

Correction de vitesse initiale. — La petite table graphique du haut donne le dV_0 correspondant à la température de la poudre, laquelle se lit sur l'échelle supérieure. La formule adoptée est la formule réglementaire des tables de tir du 25 août 1917, c'est-à-dire : $dV_0 = V_0 \times 0,0006 \times (t - 15)$.

Ayant ce dV_0, on l'ajoute algébriquement au dV_0 de régime et l'on entre par la somme obtenue dans l'échelle horizontale du graphique. Par un cheminement analogue aux précédents, on aboutit à la correction.

Correction de poids du projectile (2). — On suit la verticale noire

---

(1) Il est rappelé que la pression B donnée par le sondage correspond à une certaine altitude de référence z_0, que les batteries doivent connaître. Si z est l'altitude du canon, la pression à employer doit être diminuée de $9 \times (z - z_0)$ millimètres, $z - z_0$ étant évalué en hectomètres.

(2) Ce graphique n'existe pas pour l'obus à balles.

correspondant au nombre de croix inscrites sur les obus, jusqu'à l'oblique correspondant à la distance de tir. On suit alors une horizontale jusqu'à l'échelle de droite ou de gauche, sur laquelle on lit la correction, avec son signe.

Table de tir. — On entre dans la colonne des portées par la distance corrigée, déduite des calculs précédents. A gauche, on lit l'angle au niveau en degrés et minutes (tir au niveau). A droite on lit la hausse (tir à la hausse).

Pour le tir fusant, dans le cas de l'obus explosif à charge normale, la distance-débouchoir est prise égale à la distance-hausse jusqu'à 5,000 mètres. De 5,000 à 6,100, elle est donnée par la formule :

$$D = 5,500 + 1,200 \, (A - 5)$$

A désignant la portée en kilomètres.

Pour obtenir un éclatement de hauteur nulle, employer le correcteur 16.

Dans le cas du tir fusant de l'obus explosif à charge réduite, une quatrième colonne donne la distance-débouchoir avec le correcteur 18 pour un éclatement de hauteur nulle.

Correction de site. — On part de la différence d'altitude lue sur l'échelle horizontale du haut. Un cheminement déjà décrit donne la correction, avec son signe, en degrés et minutes ou en millièmes. Cette correction est la *correction exacte* et ne doit être suivie d'aucune correction complémentaire.

Corrections de convergence. — Soient P_1 la pièce directrice et P_2 une autre pièce de la batterie. On mesure, une fois pour toutes, la distance $d_2 = P_1 P_2$ en mètres et l'angle a_2, en millièmes, dont il faut faire tourner la direction $P_1 P_2$ pour la rendre parallèle à la direction de surveillance et de même sens, la rotation se produisant dans le sens inverse des aiguilles d'une montre (sens des dérives croissantes). Soit maintenant α l'angle de transport. On calcule la somme $b = a_2 + \alpha$, qu'on évalue ensuite en centaines de millièmes.

On entre par la distance d_2 sur l'une des échelles verticales du haut. On chemine horizontalement jusqu'à l'oblique marquée de l'angle b_2. On change de direction vers le bas jusqu'à l'échelle horizontale du milieu, sur laquelle on lit la correction de portée qu'il faut ajouter algébriquement à la portée de P_1.

Pour avoir la correction de dérive, on recommence l'opération précédente, mais en ajoutant 48 à l'angle b_2 ou en en retranchant 16 (ce qu'on a pu faire à l'avance sur l'angle a_2). En outre, au lieu de s'arrêter sur l'échelle du milieu, on continue à descendre jusqu'à l'oblique marquée de la distance de tir. On change alors de direction jusqu'à l'échelle verticale de droite ou de gauche et du bas, sur laquelle on lit la correction qu'il faut ajouter à la dérive de P_1.

Abstraction faite du régimage et des différences d'altitude entre les pièces, ces deux corrections doivent amener le tir de P_2 à converger exactement avec le tir de P_1.

On peut manifestement utiliser la moitié inférieure de ce graphique pour le calcul des parallaxes.

Transformation des corrections de portée en corrections d'angle. — La correction de portée se lit en mètres sur l'échelle horizontale du haut. La correction d'angle se lit en degrés et minutes sur les échelles verticales de droite et de gauche, en millièmes sur l'échelle de droite seulement. Le cheminement est analogue aux précédents.

Transformation de corrections de portée en corrections de hausse. — Dans le cas du tir à charge réduite, au-dessous de l'abaque des transformations de corrections de portées en corrections d'angle au niveau, on trouve trois tables graphiques qui font connaître, en fonction de la distance de tir, les correspondances des variations de hausse et des variations de portées.

Fourchettes. — Écarts probables. — Angles de chute des tables. — Trois tables graphiques donnent respectivement les fourchettes, les écarts probables en portée et en direction, les angles de chute des tables.

Correspondance entre les fusées courtes et les fusées longues. — C'est une table graphique *à utiliser seulement quand on emploie les fusées longues*. En face de la distance topographique A, on lit une correction en mètres, qui, ajoutée à A, donne une *distance fictive X*. C'est par cette distance fictive que l'on doit ensuite entrer dans tous les graphiques et tables précédemment décrits et qui conviennent, moyennant cette correction préliminaire, à la fois aux fusées courtes et aux fusées longues. Il y a exception pour les fourchettes et écarts probables (1) [page 30], pour lesquels les tables diffèrent suivant la fusée. Mais il est bien entendu que, pour ces derniers éléments, on doit entrer dans la colonne des portées par la distance fictive X et non par la distance topographique.

Correction de correcteur pour le tir fusant. — Pour tenir compte des différentes perturbations dans le tir fusant, opérer de la manière suivante :

1° Calculer, à la manière habituelle, la portée corrigée du tir percutant et *prendre pour distance-débouchoir la distance-hausse* correspondant à cette portée;

---

(1) Il y a également de légères différences en ce qui concerne les autres éléments secondaires. Pour la correction de vitesse initiale, on supprime à peu près toute erreur, en prenant comme distance fictive la distance topographique moins la correction de fusée.

2° Faire la correction résiduelle au moyen du correcteur.

Cette correction comprend quatre termes, destinés à tenir compte du vent, de la densité de l'air, de la vitesse initiale et de la vivacité du tube fusant.

La table graphique du bas de la page des corrections de correcteur pour le tir fusant indique les quantités dont il faut *augmenter* le correcteur pour tenir compte :

D'un vent de 10 mètres soufflant *du but vers le canon*;

D'une *augmentation* de poids du mètre cube d'air de 100 grammes;

D'une *diminution* de vitesse initiale de 10 mètres;

D'une *diminution* de vivacité du tube fusant de $\dfrac{1}{100}$.

Les trois premiers termes se calculeront par des multiplications mentales, en utilisant les données de la préparation du tir percutant.

Le quatrième terme se calcule de même par une multiplication en évaluant l'accroissement algébrique $\dfrac{d A}{A}$ de vivacité en fonction de la température et de la pression au moyen du graphique de la partie supérieure de cette page.

NOTA. — Dans les divers cheminements ou lectures, lorsque l'argument à utiliser n'a pas une valeur ronde, on interpole au sentiment entre les valeurs rondes voisines.

En haut de chaque graphique, on a rappelé le schéma du cheminement par des flèches rouges, afin d'éviter toute hésitation.

TITRE PREMIER

OBUS À BALLES

FLÈCHES DES TRAJECTOIRES

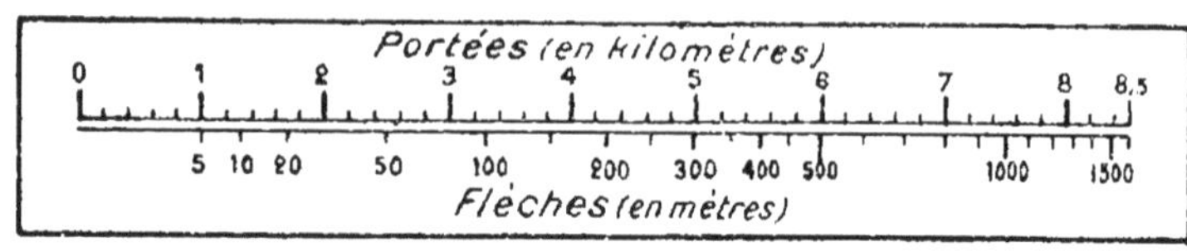

Calcul de l'Angle Vent-Plan de Tir.

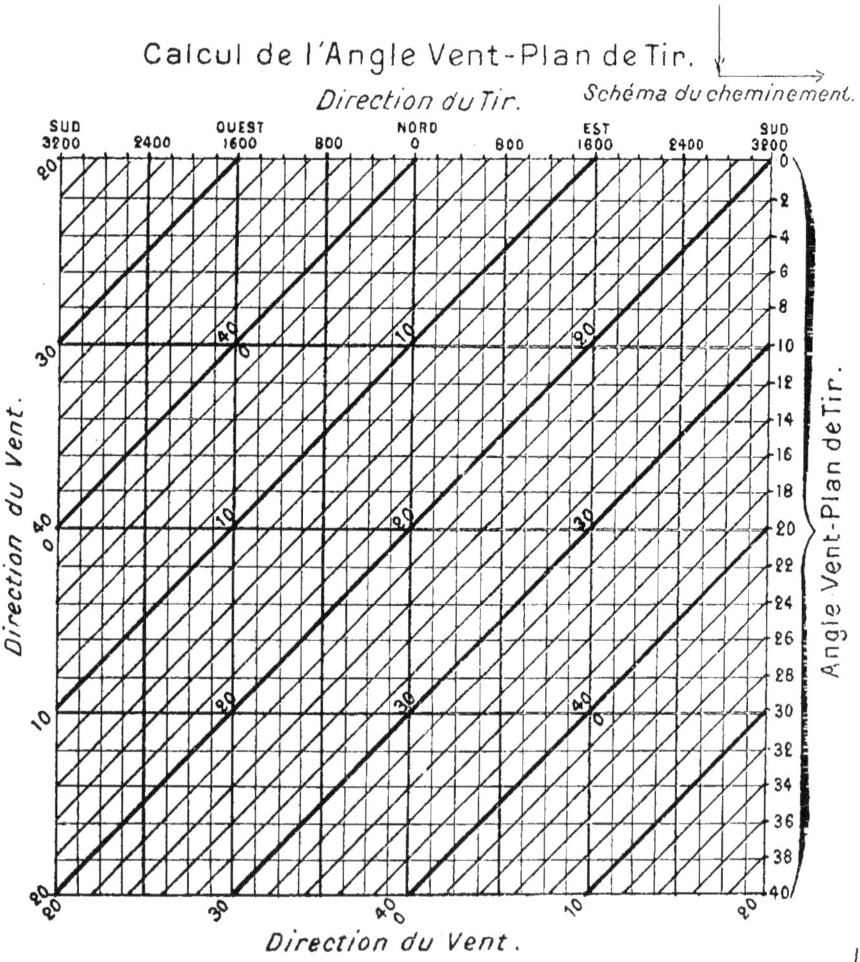

Direction du Tir.

Schéma du cheminement.

CORRECTION DE VENT TRANSVERSAL

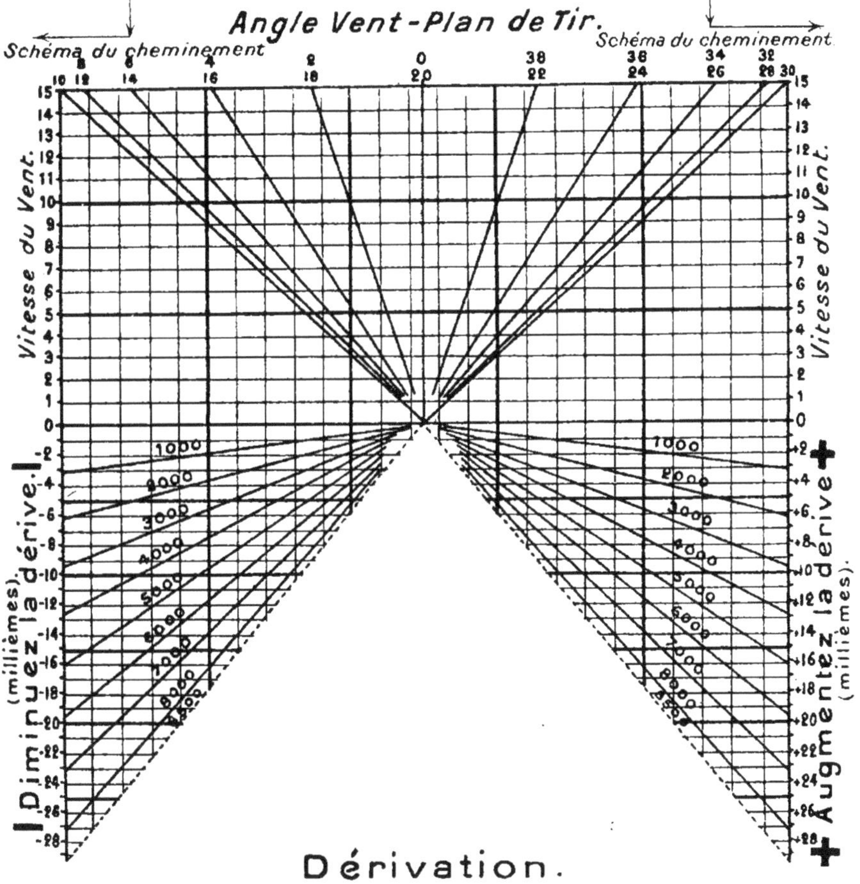

Angle Vent - Plan de Tir.

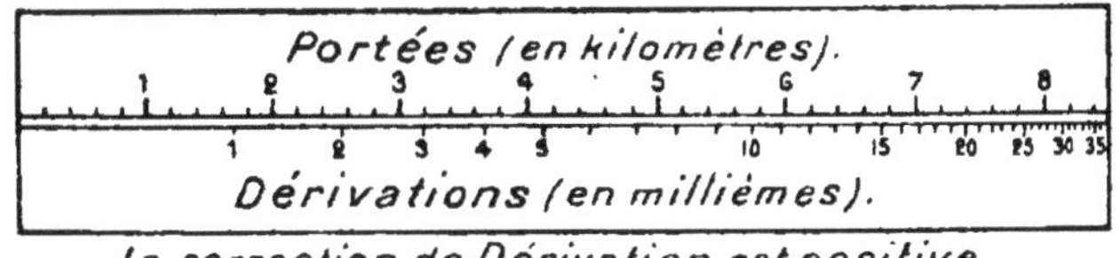

La correction de Dérivation est positive.

CORRECTION DE VENT LONGITUDINAL

Angle Vent - Plan de Tir.

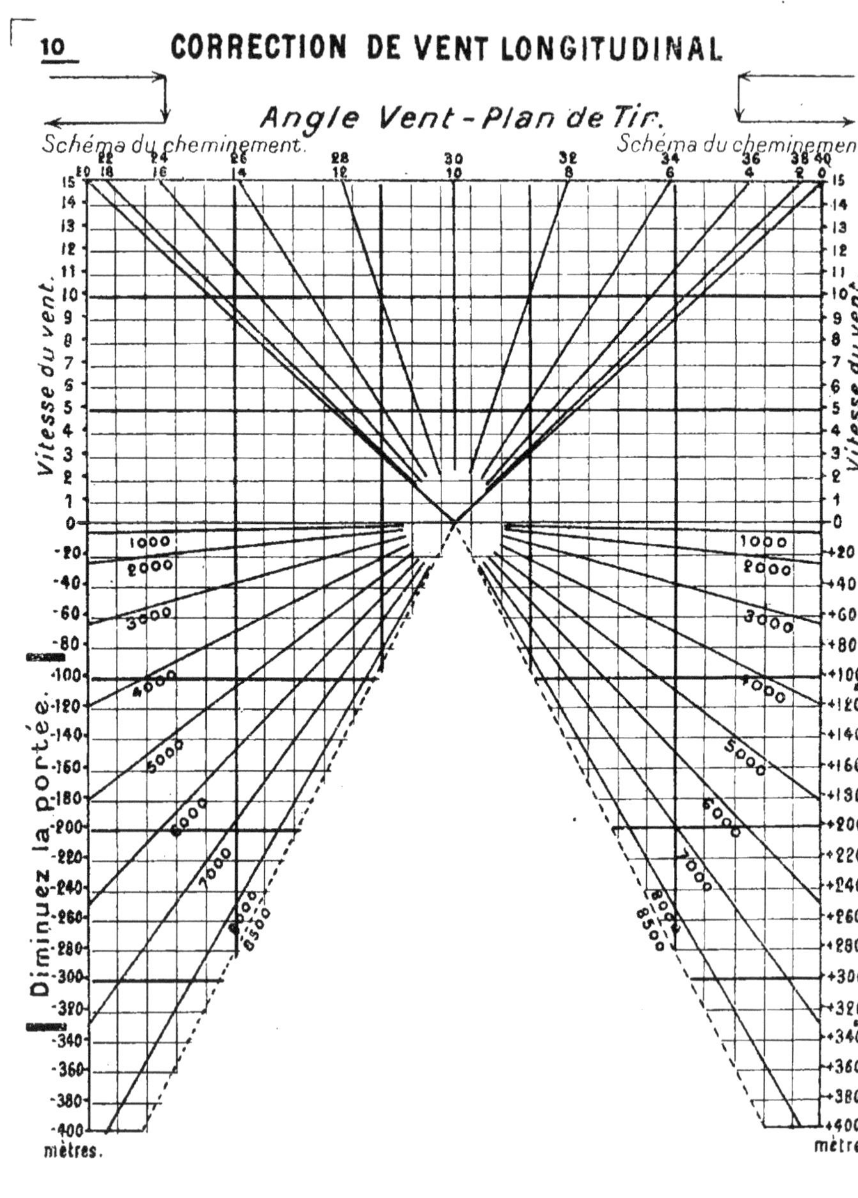

CORRECTION DE DENSITÉ DE L'AIR

Schéma du cheminement. *Schéma du cheminement.*

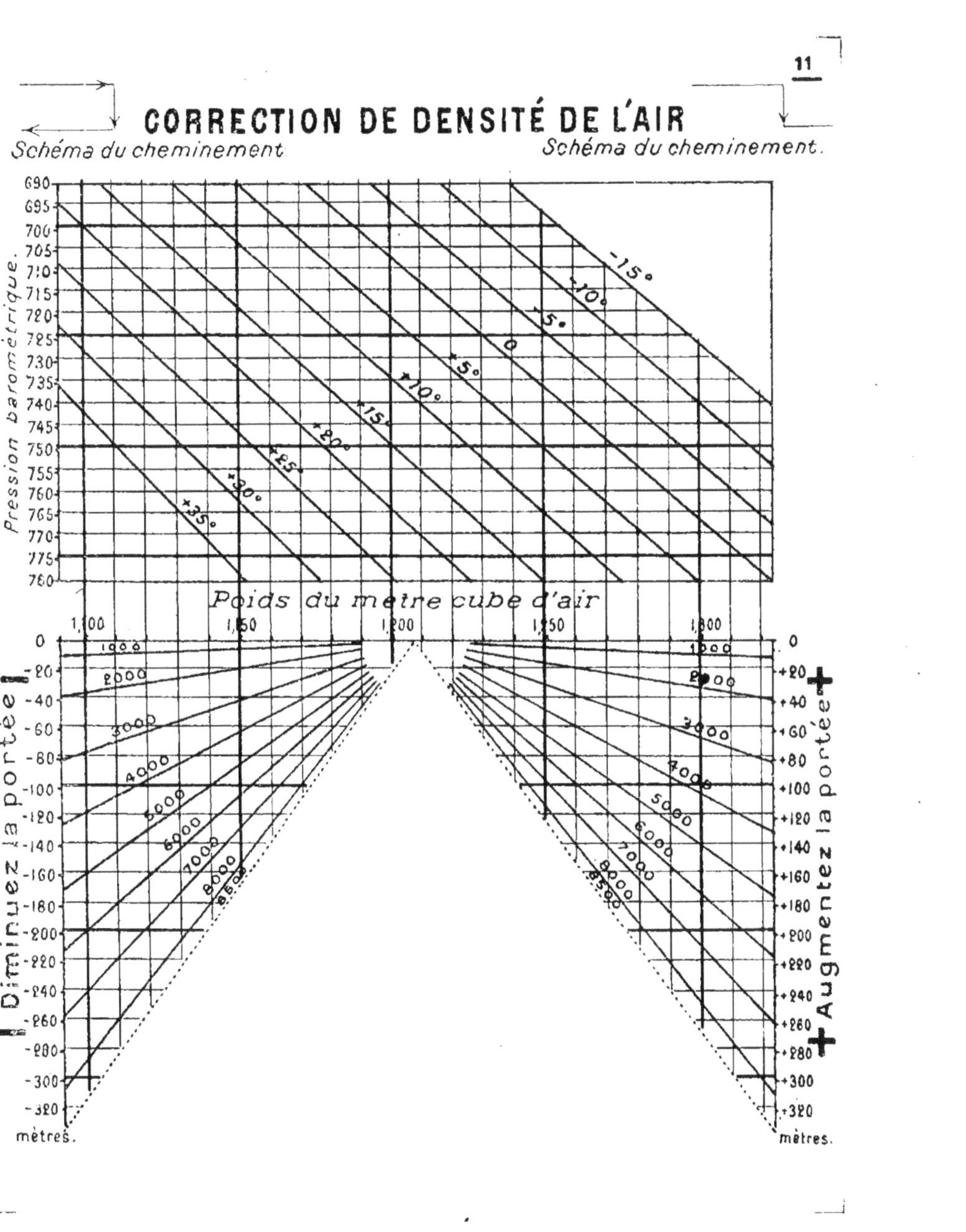

CORRECTION DE VITESSE INITIALE

Variation de Vitesse initiale due à la Température de la Poudre.

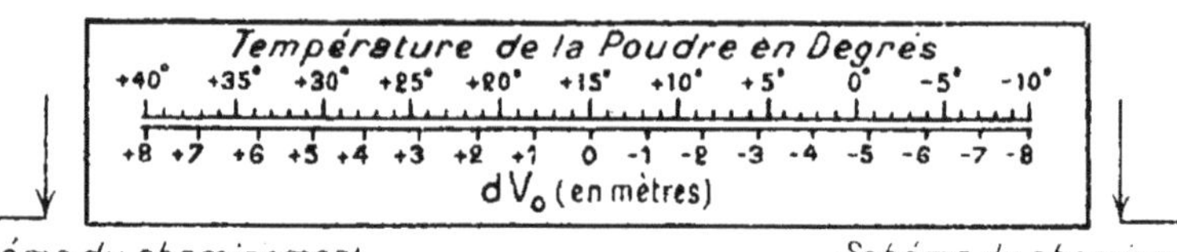

Schéma du cheminement.   Schéma du cheminement.

Variation de Vitesse initiale dV₀ (en mètres)

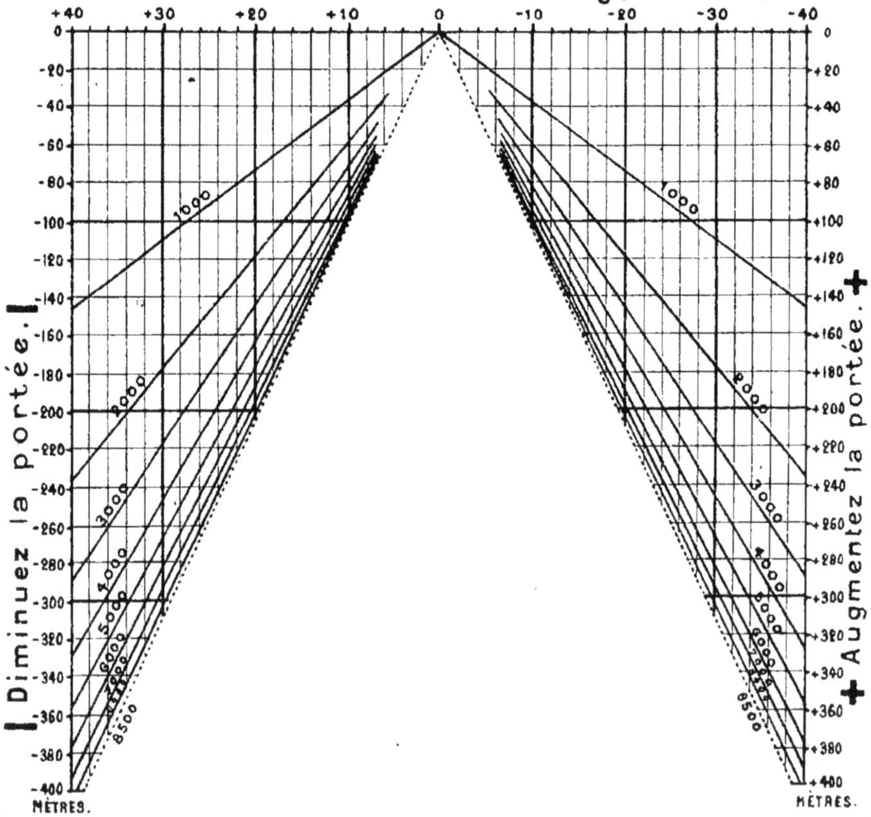

✳ TABLE DE TIR ✳

Table de tir graphique : échelles verticales parallèles (Angle au Niveau, Portée, Hausse). Les valeurs de chaque échelle sont données dans leur ordre d'impression.

Premier groupe

Angle au Niveau : 0°20', 30', 40', 50', 1°, 10', 20', 30', 40', 50', 2°, 10', 20', 30', 40', 50', 3°, 10', 20', 30', 40', 50', 4°, 10', 20', 30', 40', 50'

Portée : 400, 500, 600, 700, 800, 900, 1000, 1100, 1200, 1300, 1400, 1500, 1600, 1700, 1800, 1900, 2000, 2100, 2200, 2300, 2400, 2500, 2600, 2700, 2800, 2900, 3000, 3100

Hausse : 400, 500, 600, 700, 800, 900, 1000, 1100, 1200, 1300, 1400, 1500, 1600, 1700, 1800, 1900, 2000, 2100, 2200, 2300, 2400, 2500, 2600, 2700, 2800, 2900, 3000

Deuxième groupe

Angle au Niveau : 5°, 20', 40', 6°, 20', 40', 7°, 20', 40', 8°, 20', 40', 9°, 20', 40', 10°, 20', 40', 11°, 20', 40', 12°, 20', 40', 13°, 20'

Portée : 3100, 3200, 3300, 3400, 3500, 3600, 3700, 3800, 3900, 4000, 4100, 4200, 4300, 4400, 4500, 4600, 4700, 4800, 4900, 5000, 5100, 5200, 5300, 5400, 5500, 5600, 5700, 5800

Hausse : 3100, 3200, 3300, 3400, 3500, 3600, 3700, 3800, 3900, 4000, 4100, 4200, 4300, 4400, 4500, 4600, 4700, 4800, 4900, 5000, 5100, 5200, 5300, 5400, 5500

Site + 100 : 3800, 3900, 4000, 4100

Troisième groupe

Angle au Niveau : 20', 40', 14°, 20', 40', 15°, 16°, 17°, 18°, 19°, 20°, 21°, 22°, 23°, 24°, 25°, 26°, 27°

Portée : 5800, 5900, 6000, 6100, 6200, 6300, 6400, 6500, 6600, 6700, 6800, 6900, 7000, 7100, 7200, 7300, 7400, 7500, 7600, 7700, 7800, 7900, 8000, 8100, 8200, 8300, 8400, 8500

Site + 100 : 4200, 4300, 4400, 4500, 4600, 4700, 4800, 4900, 5000, 5100, 5200, 5300, 5400, 5500

CORRECTION DE SITE

Schéma du cheminement.   Le but est   Schéma du cheminement.
au dessous   au dessus
de la pièce.

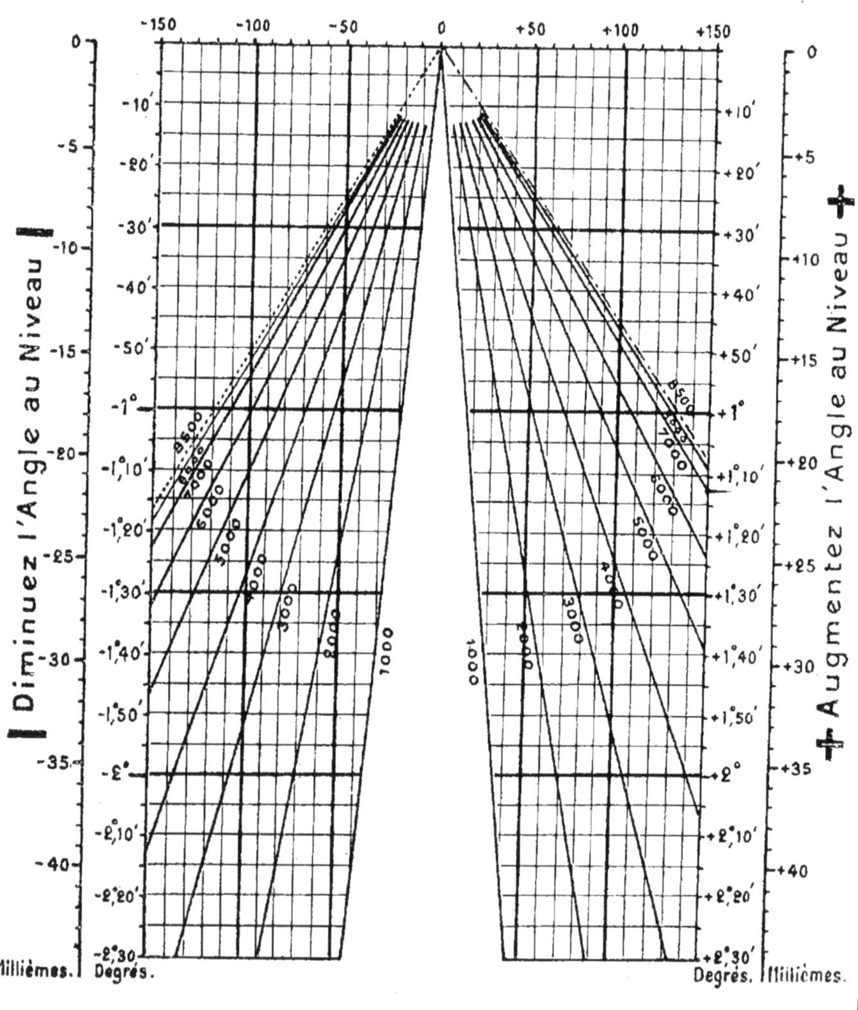

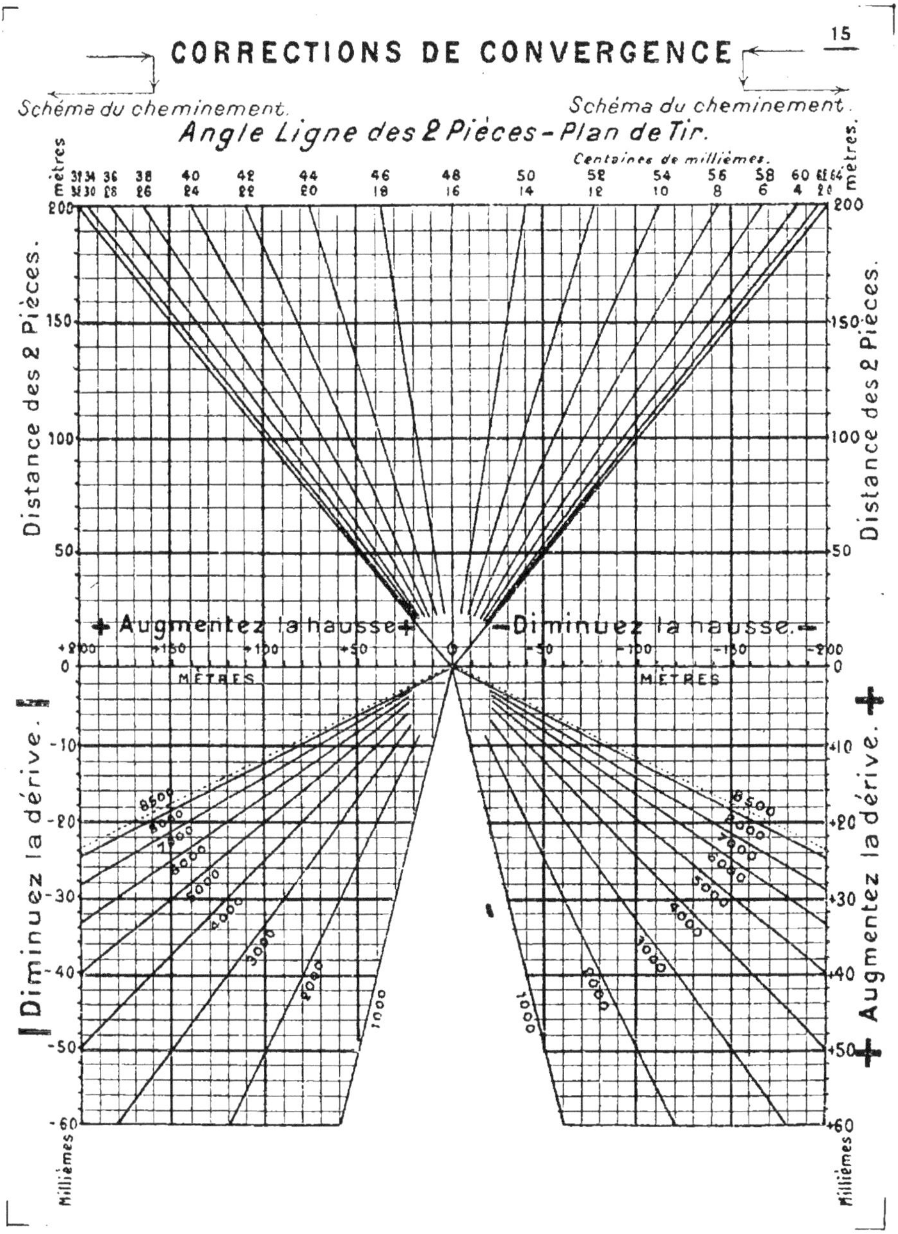
15
CORRECTIONS DE CONVERGENCE
Schéma du cheminement.
Schéma du cheminement.
Angle Ligne des 2 Pièces – Plan de Tir.
Centaines de millièmes.
mètres
mètres.
Distance des 2 Pièces.
Distance des 2 Pièces.
+ Augmentez la hausse +
– Diminuez la hausse –
MÈTRES
MÈTRES
– Diminuez la dérive. –
+ Augmentez la dérive. +
Millièmes
Millièmes

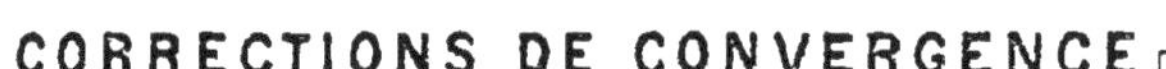

TRANSFORMATION DES CORRECTIONS DE PORTÉE EN CORRECTIONS D'ANGLE AU NIVEAU

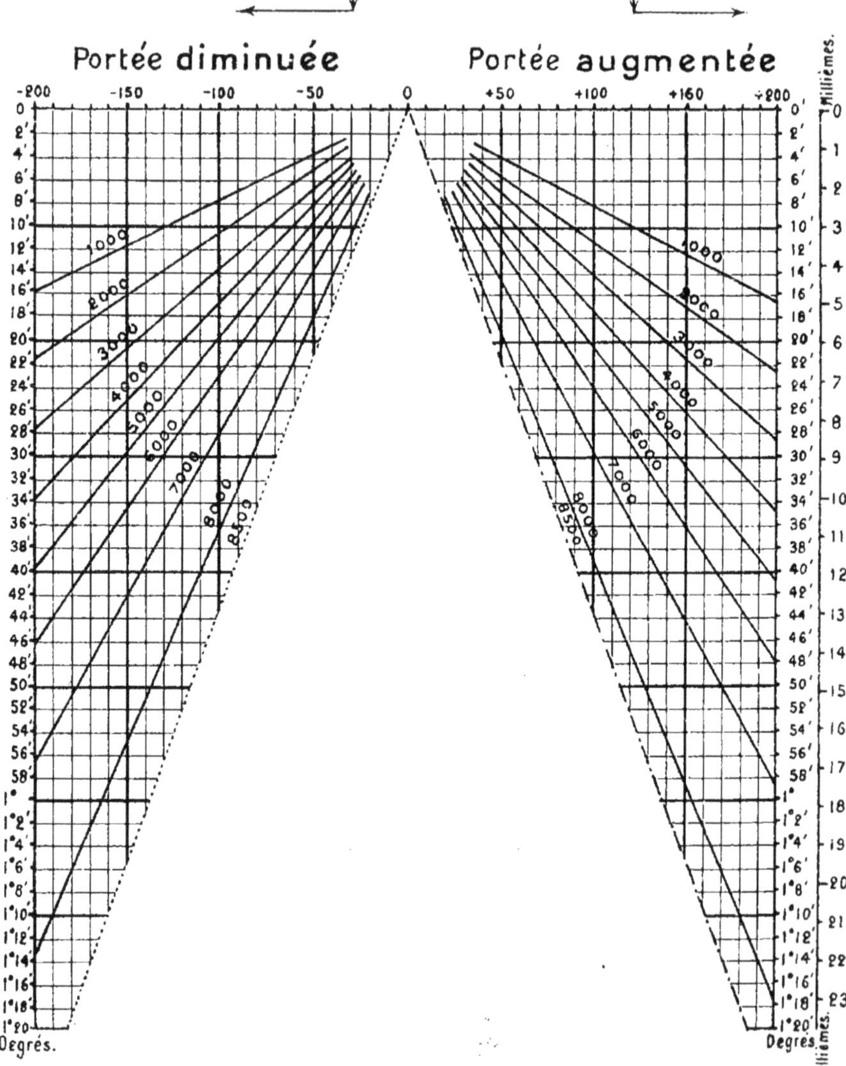

FOURCHETTES   ECARTS PROBABLES   ANGLES DE CHUTE DES TABLES

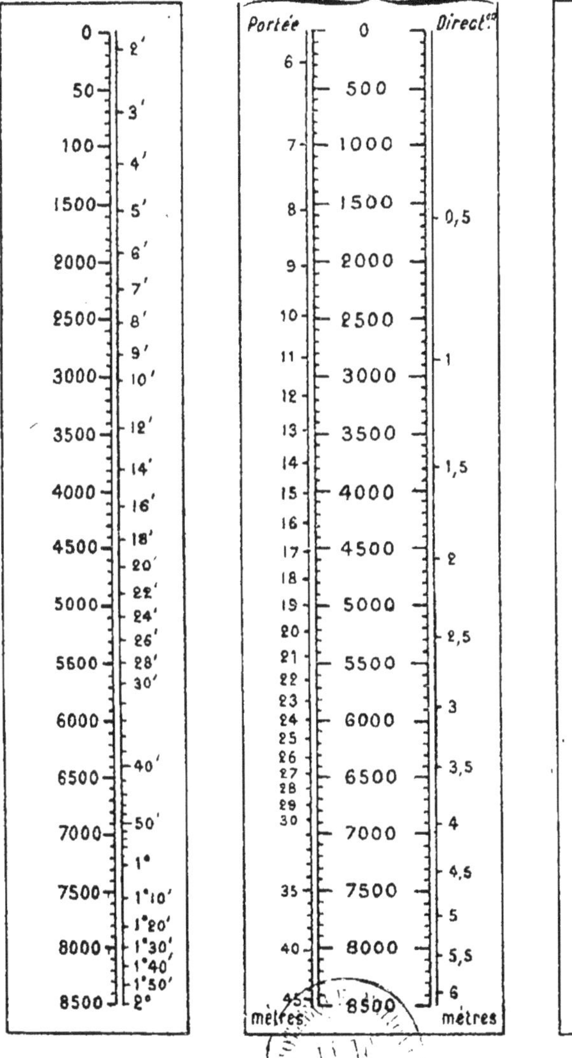

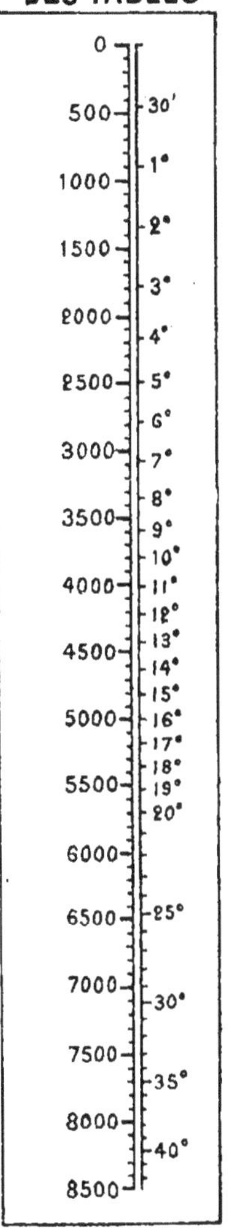

CORRECTIONS DE CORRECTEUR
POUR LE TIR FUSANT.

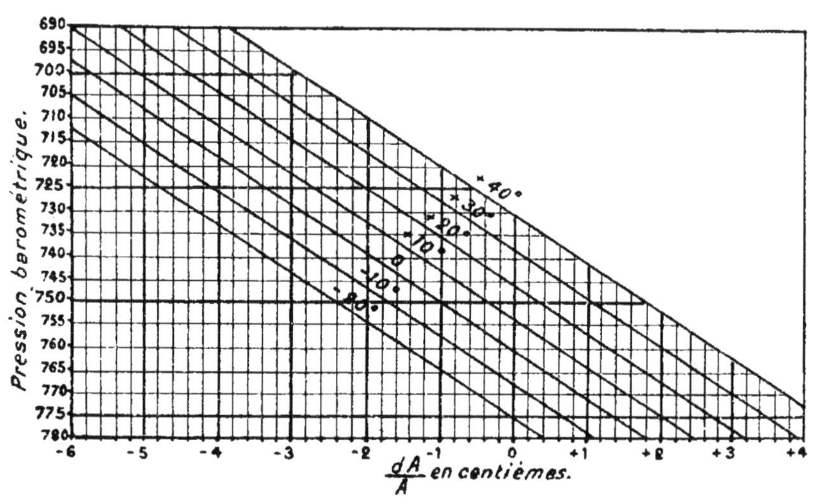

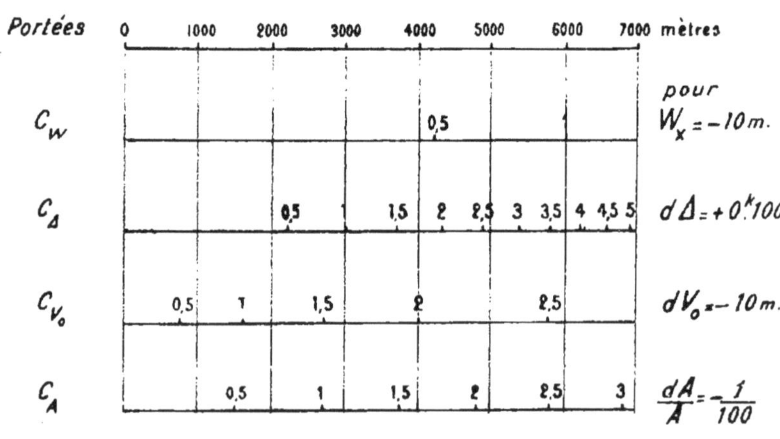

TITRE II

—

OBUS EXPLOSIF, CHARGE NORMALE

FLÈCHES DES TRAJECTOIRES

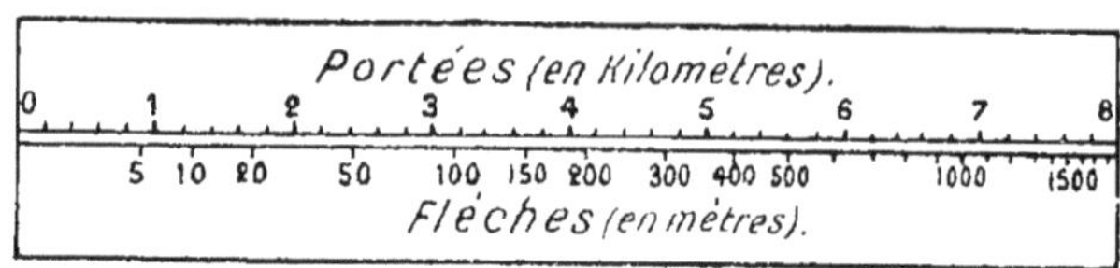

Calcul de l'Angle Vent-Plan de Tir

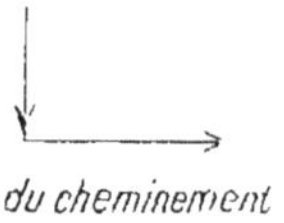

Schéma du cheminement

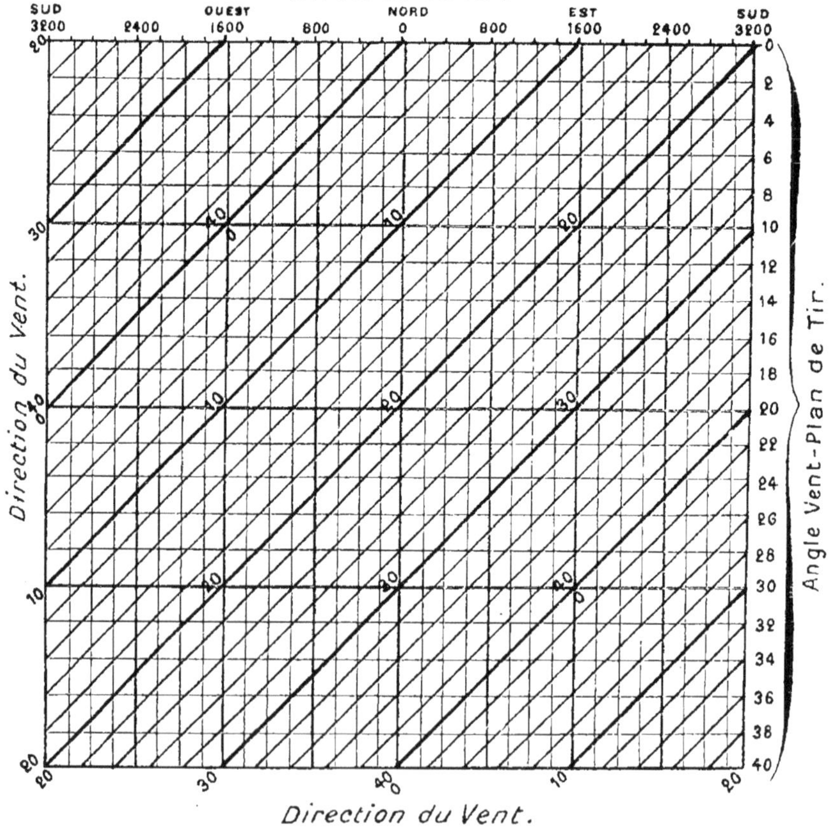

CORRECTION DE VENT TRANSVERSAL

Dérivation

La correction de dérivation est positive.

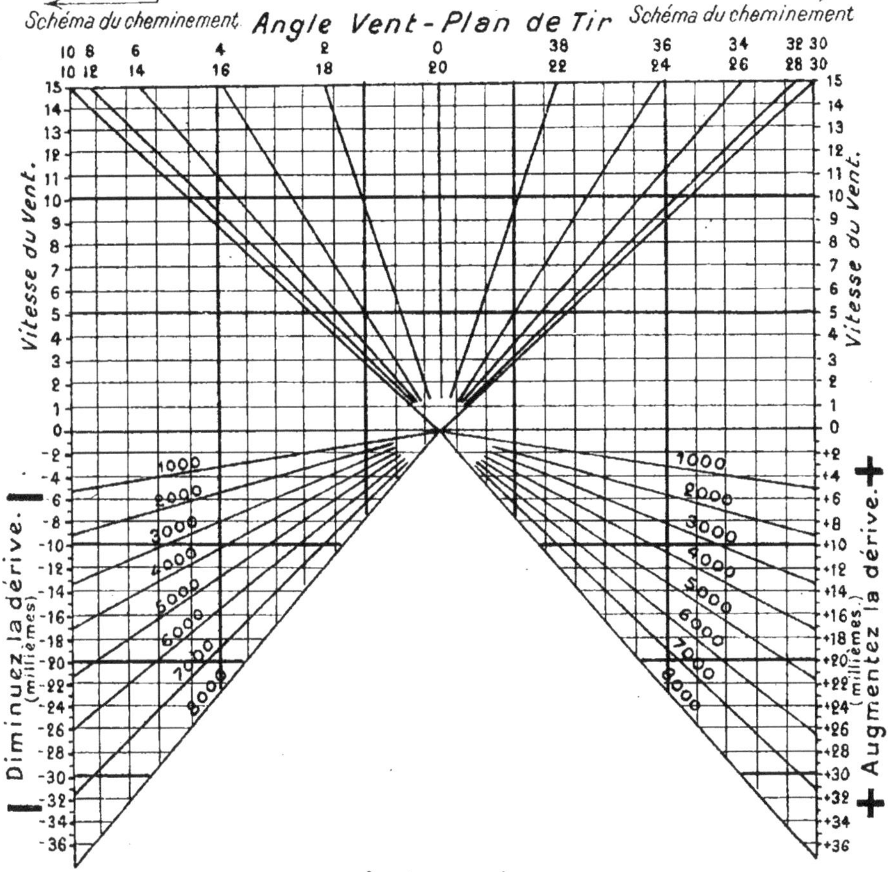

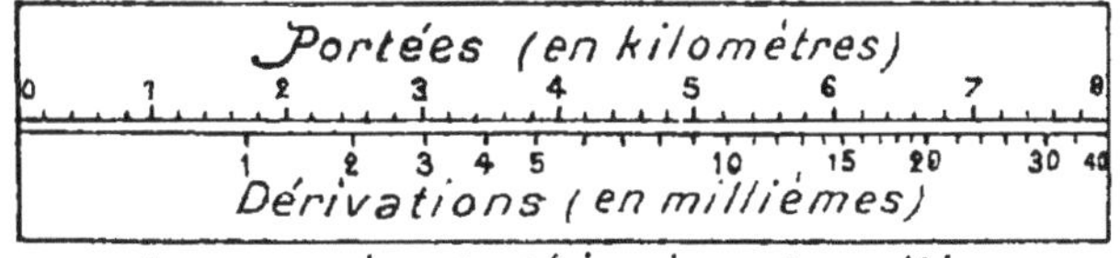

CORRECTION DE VENT LONGITUDINAL

Schéma du cheminement.   *Schéma du cheminement.*

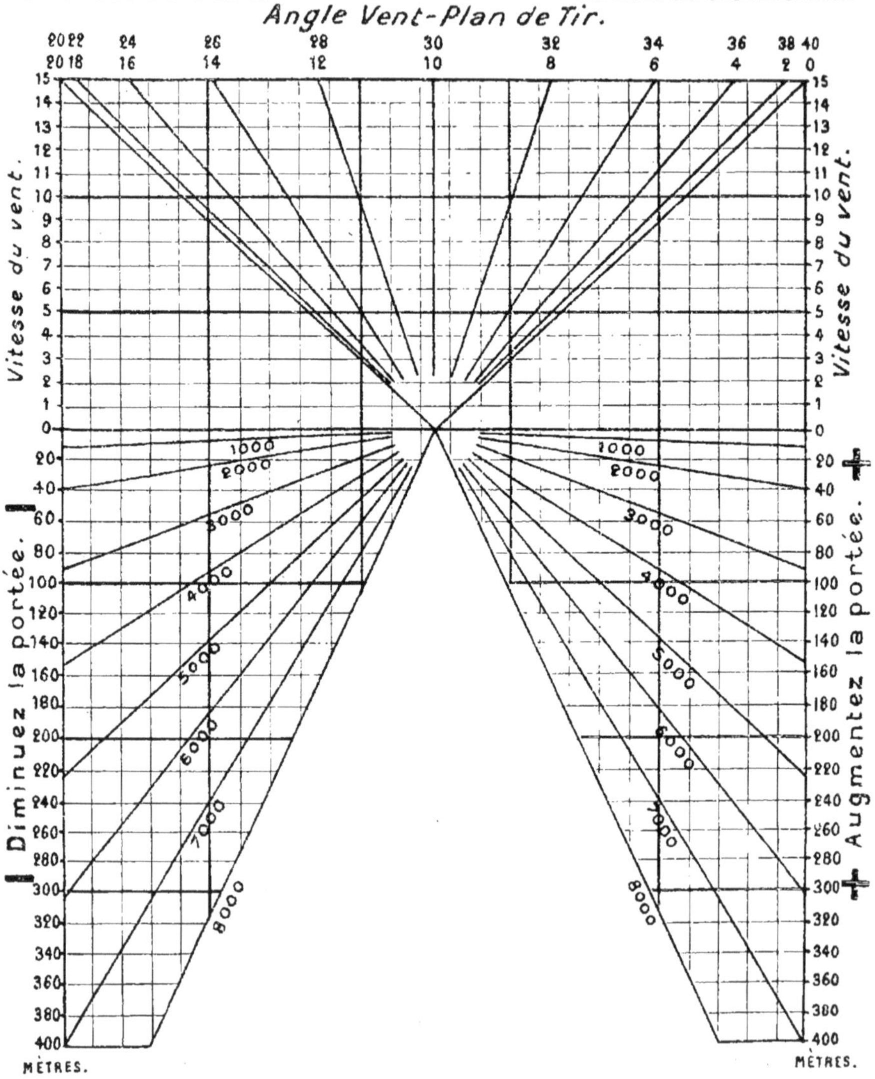

Angle Vent-Plan de Tir.

CORRECTION DE DENSITÉ DE L'AIR

Schéma du cheminement.   *Schéma du cheminement.*

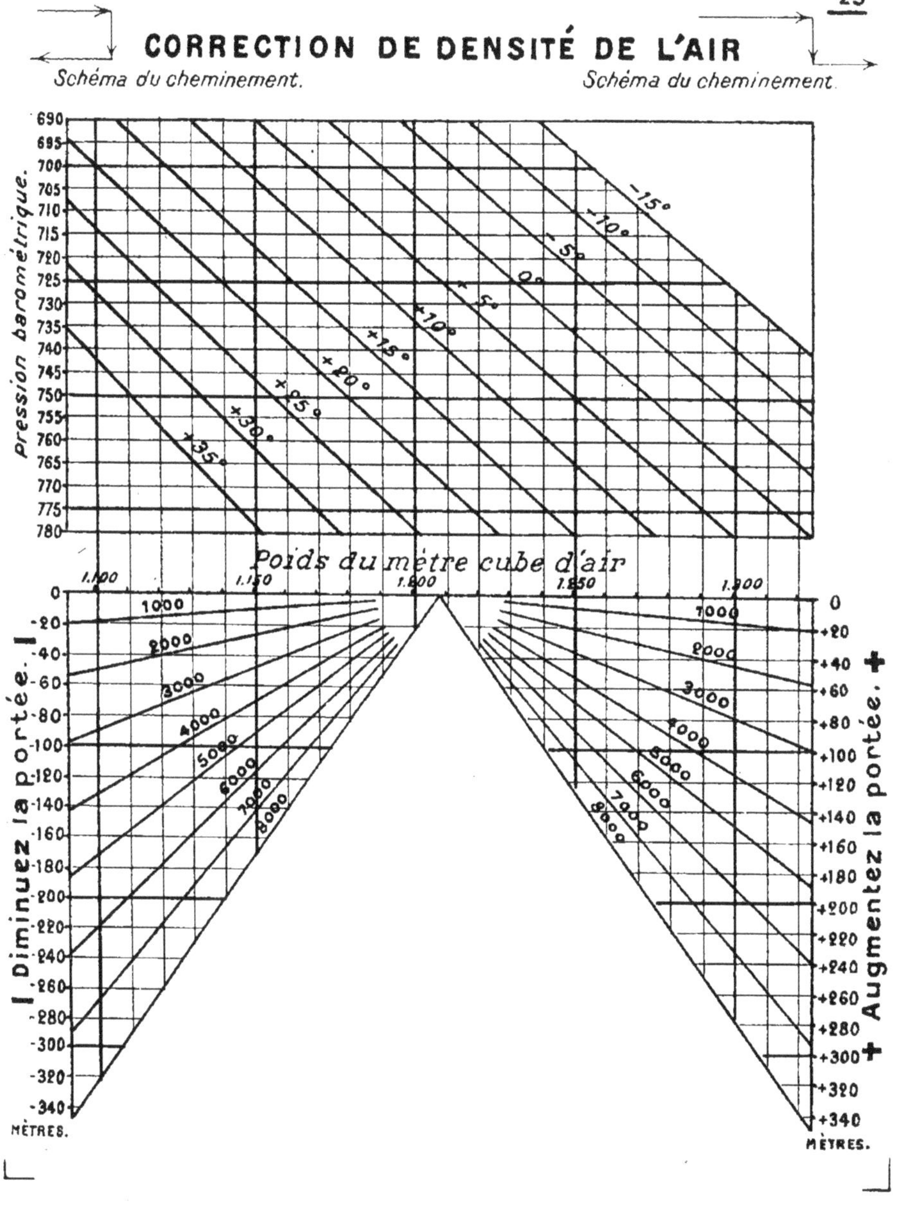

CORRECTION DE VITESSE INITIALE

Variation de vitesse initiale due à la Température de la Poudre.

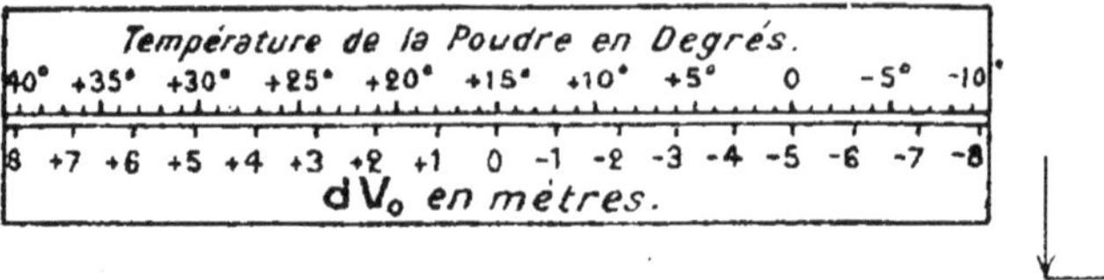

Schéma du cheminement.   *Schéma du cheminement.*

Variation de Vitesse initiale dV_0 (en mètres).

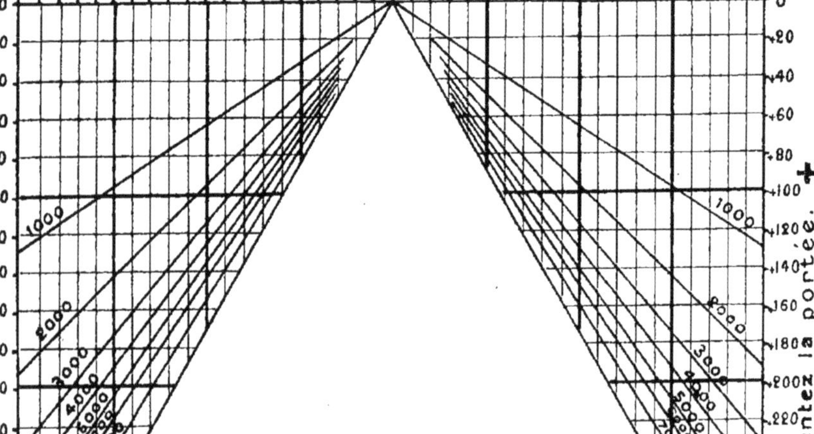

CORRECTION DE POIDS
DU PROJECTILE.

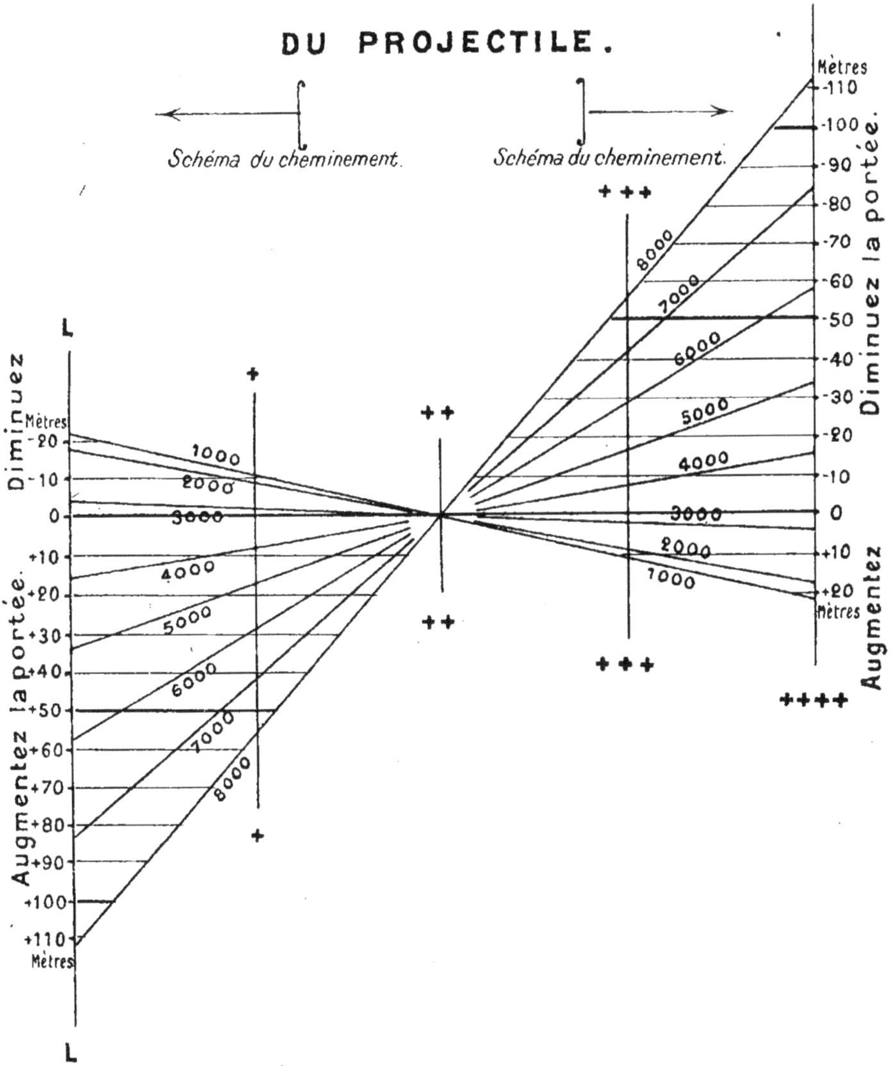

Schéma du cheminement. *Schéma du cheminement.*

++++

+++

++

+

++

+

L

L

Diminuez

Augmentez la portée.

Diminuez la portée.

Augmentez

Mètres

Mètres

1000
2000
3000
4000
5000
6000
7000
8000

8000
7000
6000
5000
4000
3000
2000
1000

-20
-10
0
+10
+20
+30
+40
+50
+60
+70
+80
+90
+100
+110

-110
-100
-90
-80
-70
-60
-50
-40
-30
-20
-10
0
+10
+20

✳ TABLE DE TIR ✳

Angle au Niv. | Portée | Hausse

0°20' — 30' — 40' — 50' — 1° — 10' — 20' — 30' — 40' — 50' — 2° — 10' — 20' — 30' — 40' — 50' — 3° — 10' — 20' — 30' — 40' — 50' — 4° — 10' — 20' — 30' — 40' — 50'
Portée : 300 400 500 600 700 800 900 1000 1100 1200 1300 1400 1500 1600 1700 1800 1900 2000 2100 2200 2300 2400 2500 2600 2700 2800 2900
Hausse : 400 500 600 700 800 900 1000 1100 1200 1300 1400 1500 1600 1700 1800 1900 2000 2100 2200 2300 2400 2500 2600 2700 2800 2900 3000

Angle au Niv. | Portée | Hausse

5° — 20' — 40' — 6° — 20' — 40' — 7° — 20' — 40' — 8° — 20' — 40' — 9° — 20' — 40' — 10° — 20' — 40' — 11° — 20' — 40' — 12° — 20' — 40' — 13° — 20' — 40' — 14° — 20'
Portée : 2900 3000 3100 3200 3300 3400 3500 3600 3700 3800 3900 4000 4100 4200 4300 4400 4500 4600 4700 4800 4900 5000 5100 5200 5300 5400 5500
Hausse : 3100 3200 3300 3400 3500 3600 3700 3800 3900 4000 4100 4200 4300 4400 4500 4600 4700 4800 4900 5000 5100 5200 5300 5400 5500
Site + 100 : 3800 3900 4000 4100 4200 4300 4400 4500

Angle au Niv. | Portée | Hausse

40' — 15° — 20' — 40' — 16° — 17° — 18° — 19° — 20° — 21° — 22° — 23° — 24° — 25° — 26° — 27° — 28° — 29° — 30° — 31° — 32° — 33°
Portée : 5500 5600 5700 5800 5900 6000 6100 6200 6300 6400 6500 6600 6700 6800 6900 7000 7100 7200 7300 7400 7500 7600 7700 7800 7900 8000
Hausse : 4600 4700 4800 4900 5000 5100 5200 5300 5400 5500
Site + 100

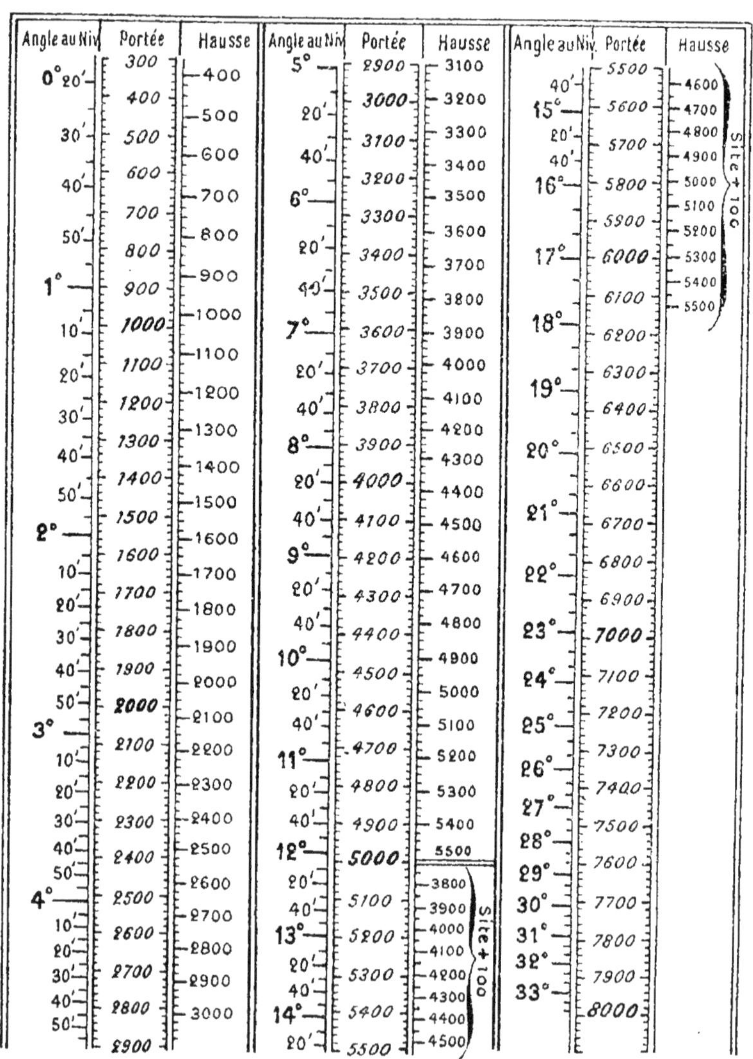

CORRECTION DE SITE

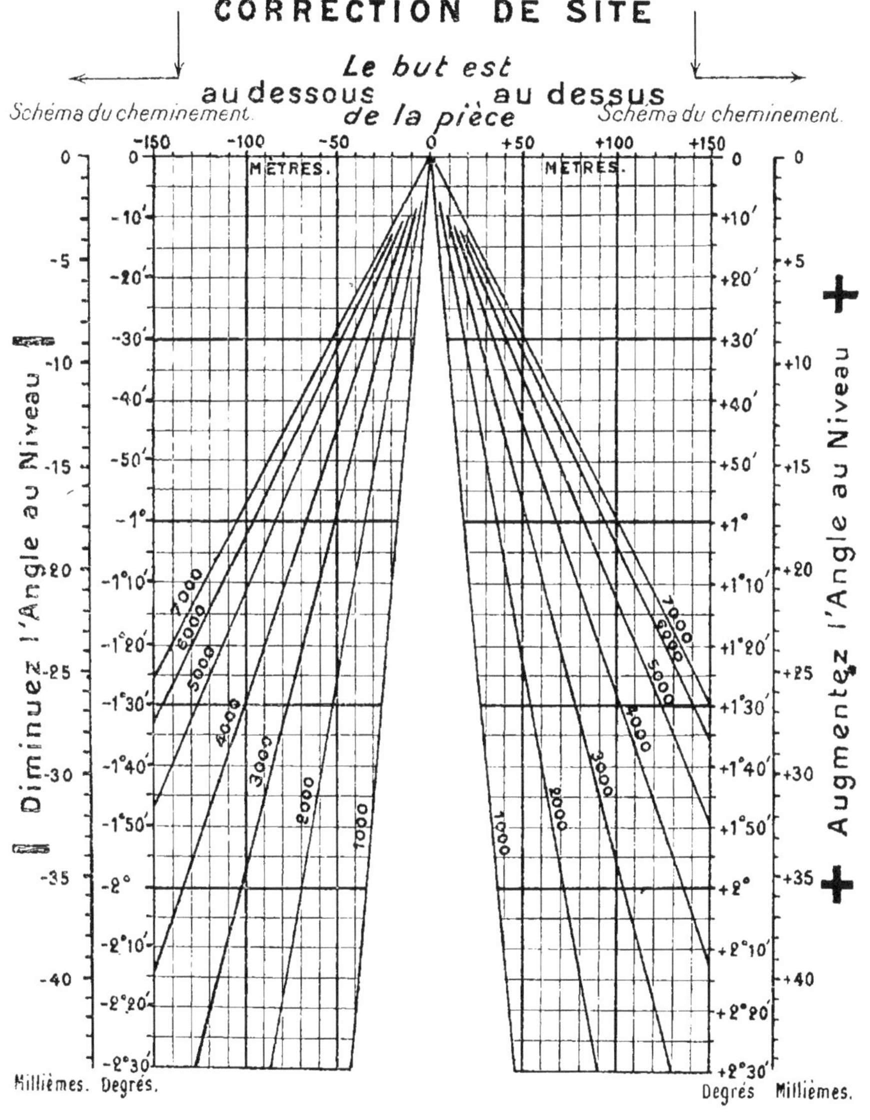

CORRECTIONS DE CONVERGENCE

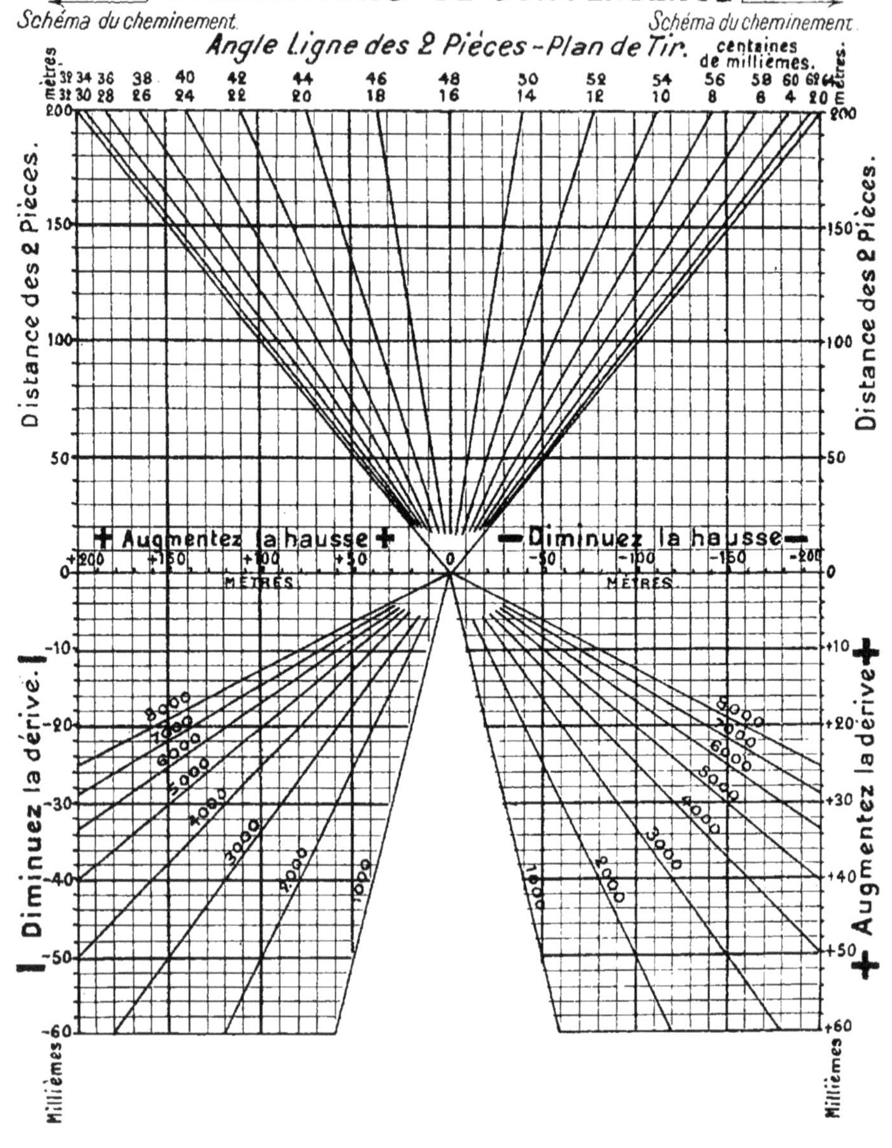

TRANSFORMATION DES CORRECTIONS DE PORTÉE EN CORRECTIONS D'ANGLE
AU NIVEAU

FOURCHETTES — ECARTS PROBABLES — ANGLES DE CHUTE DES TABLES

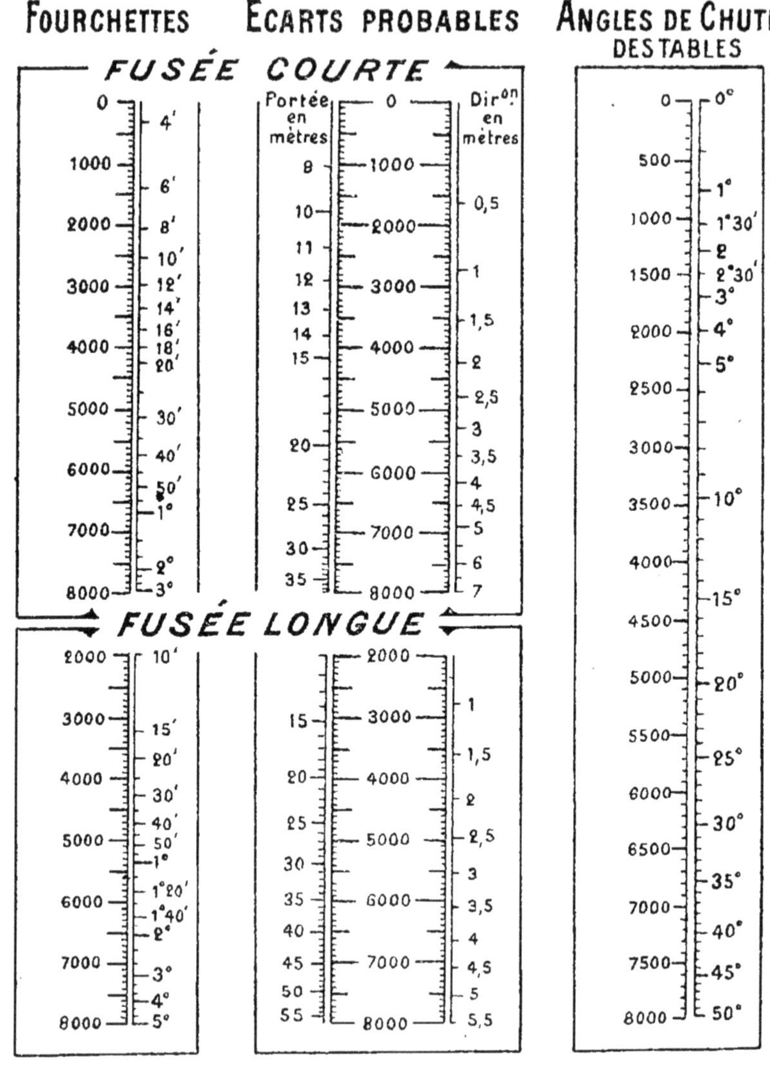

CORRECTION DE PORTÉE POUR LE PASSAGE DES FUSÉES COURTES AUX FUSÉES LONGUES.

Nota _ la correction doit être ajoutée à la portée topographique.

Obus explosif, Modèle 1900, charge normale

CORRECTION DE PORTÉE
pour le passage de la fusée courte m^le 1899 aux fusées R.Y. m^le 1917 et D.E. m^le 1916 (ou fusante m^le 1915).

Nota _ La correction de portée doit être ajoutée algébriquement à la portée topographique.

CORRECTIONS DE CORRECTEUR
POUR LE TIR FUSANT.

Schéma du cheminement.

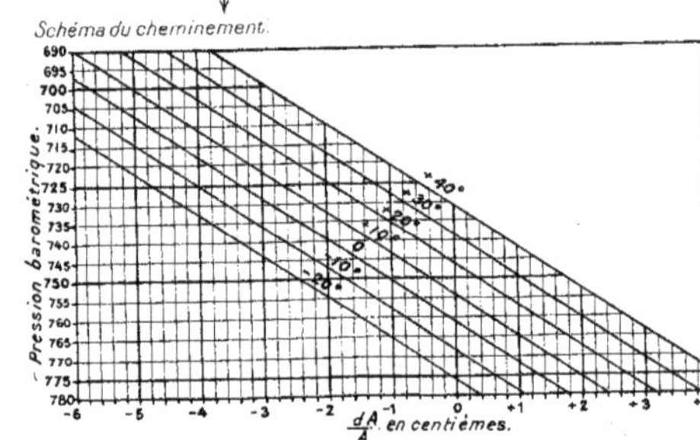

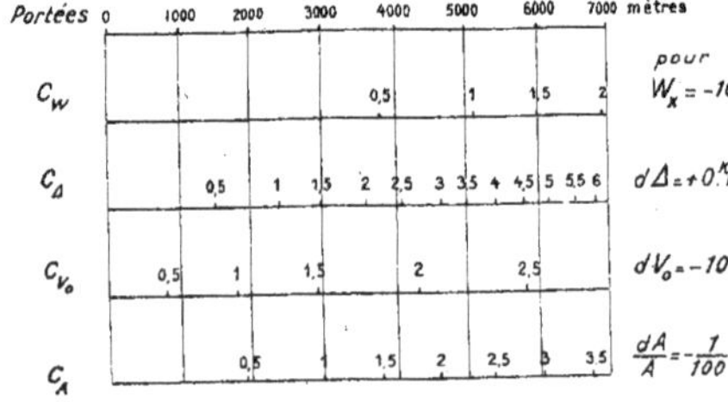

Obus explosif, Modèle 1900, charge normale

CORRECTION DE PORTÉE

31 bis   UR

pour le passage de la fusée courte m^{le} 1899 aux fusées R.Y. m^{le} 1917 et D.E. m^{le} 1916 (ou fusante m^{le} 1915).

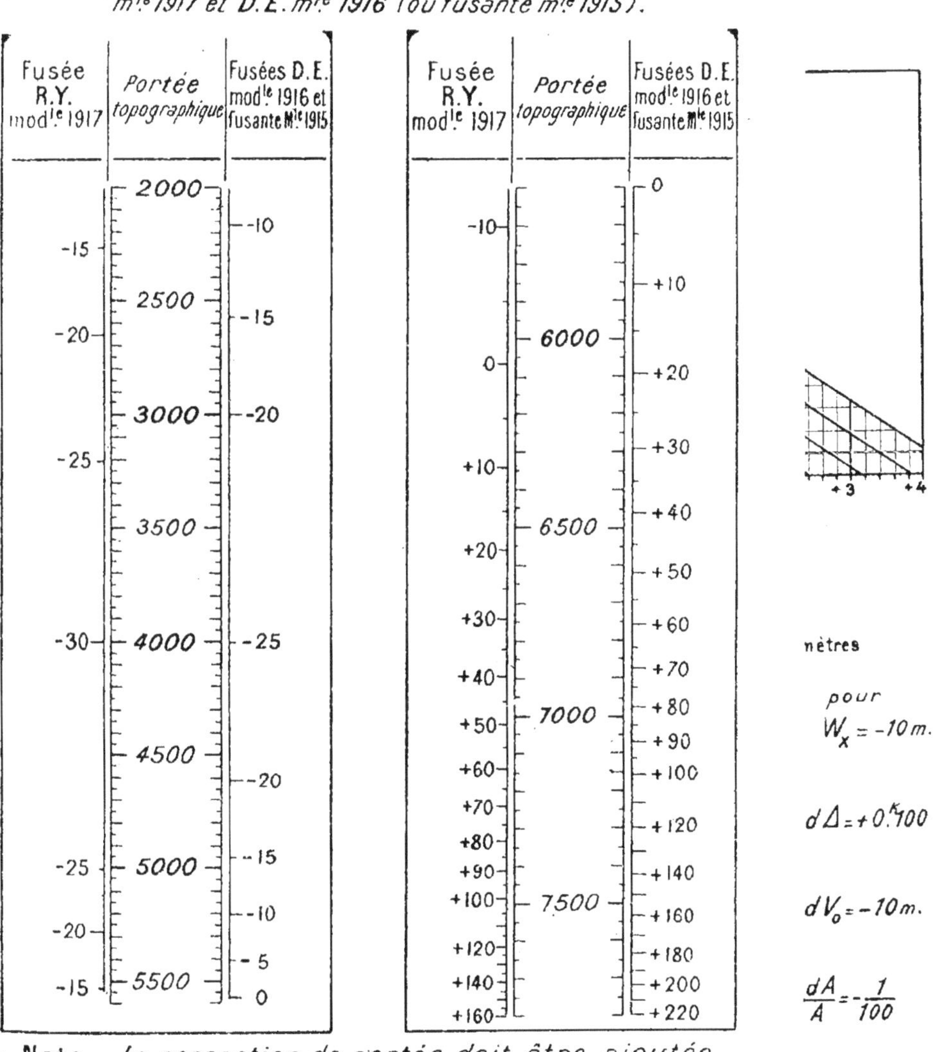

Nota — *La correction de portée doit être ajoutée algébriquement à la portée topographique.*

TITRE III

—

OBUS EXPLOSIF

CHARGE RÉDUITE EN POUDRE BC

$$V_0 = 344 \text{ MÈTRES}$$

FLÈCHES DES TRAJECTOIRES

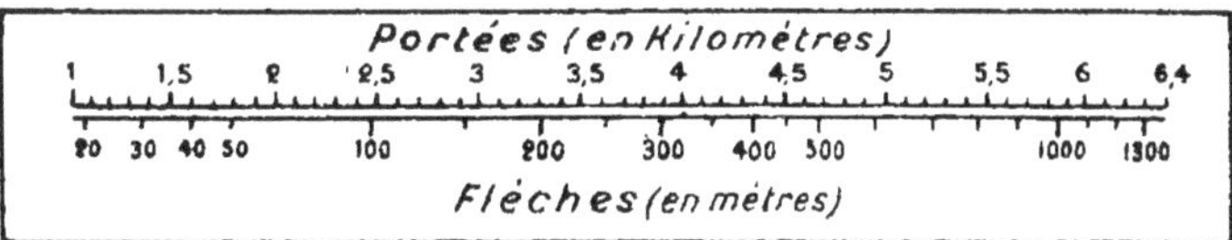

Calcul de l'Angle Vent-Plan de Tir

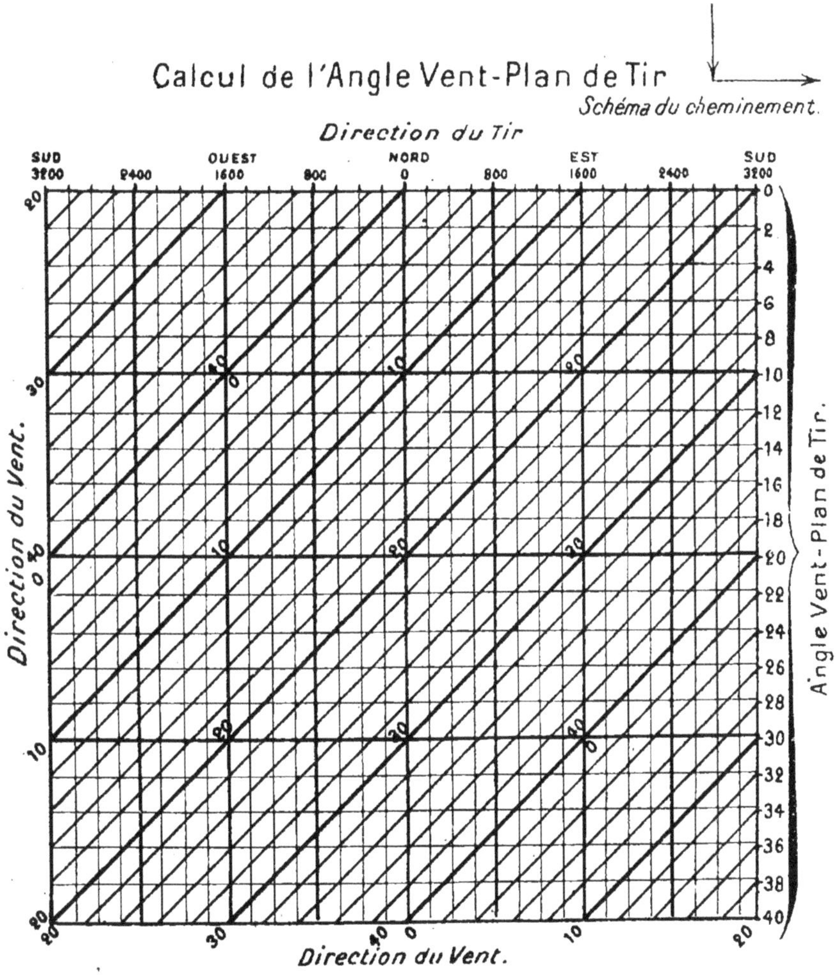

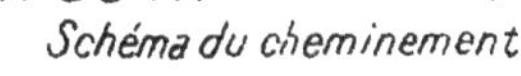

CORRECTION DE VENT TRANSVERSAL

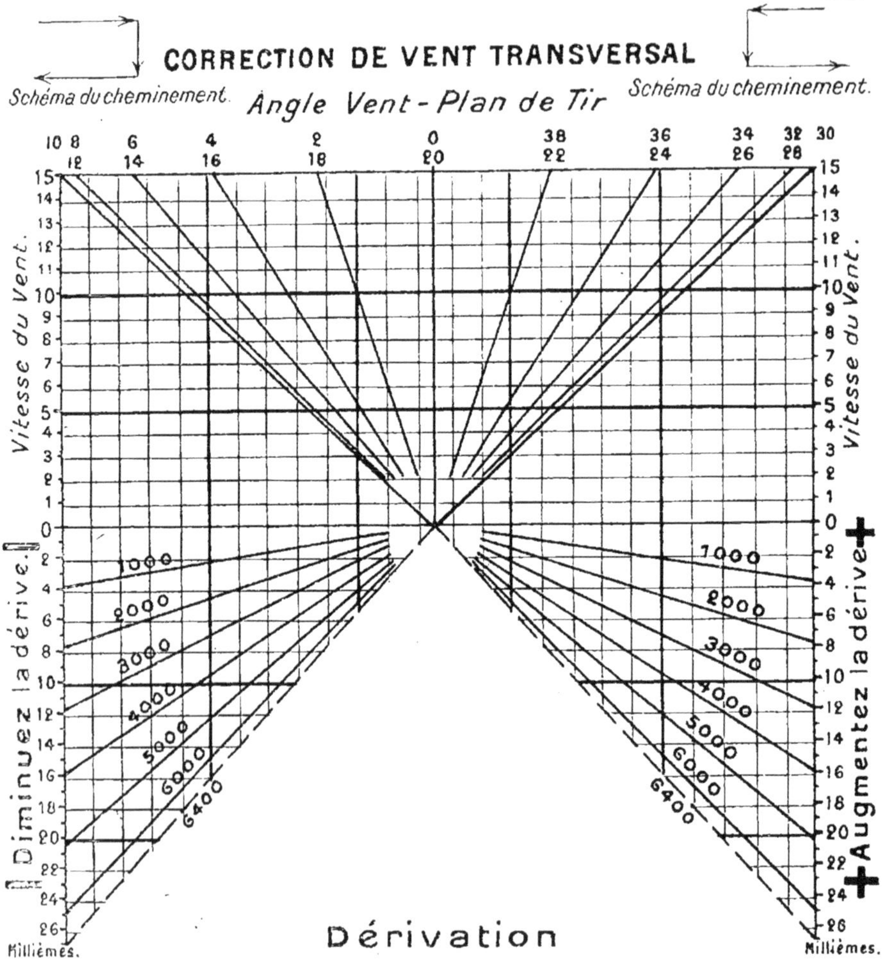

Angle Vent - Plan de Tir

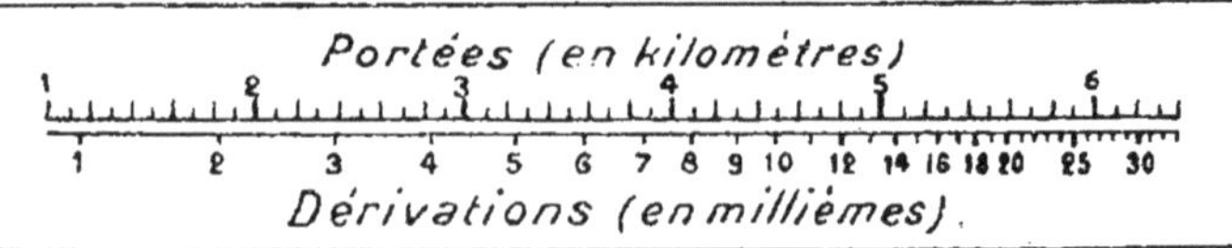

La correction de dérivation est positive.

CORRECTION DE VENT LONGITUDINAL

Angle Vent-Plan de Tir.

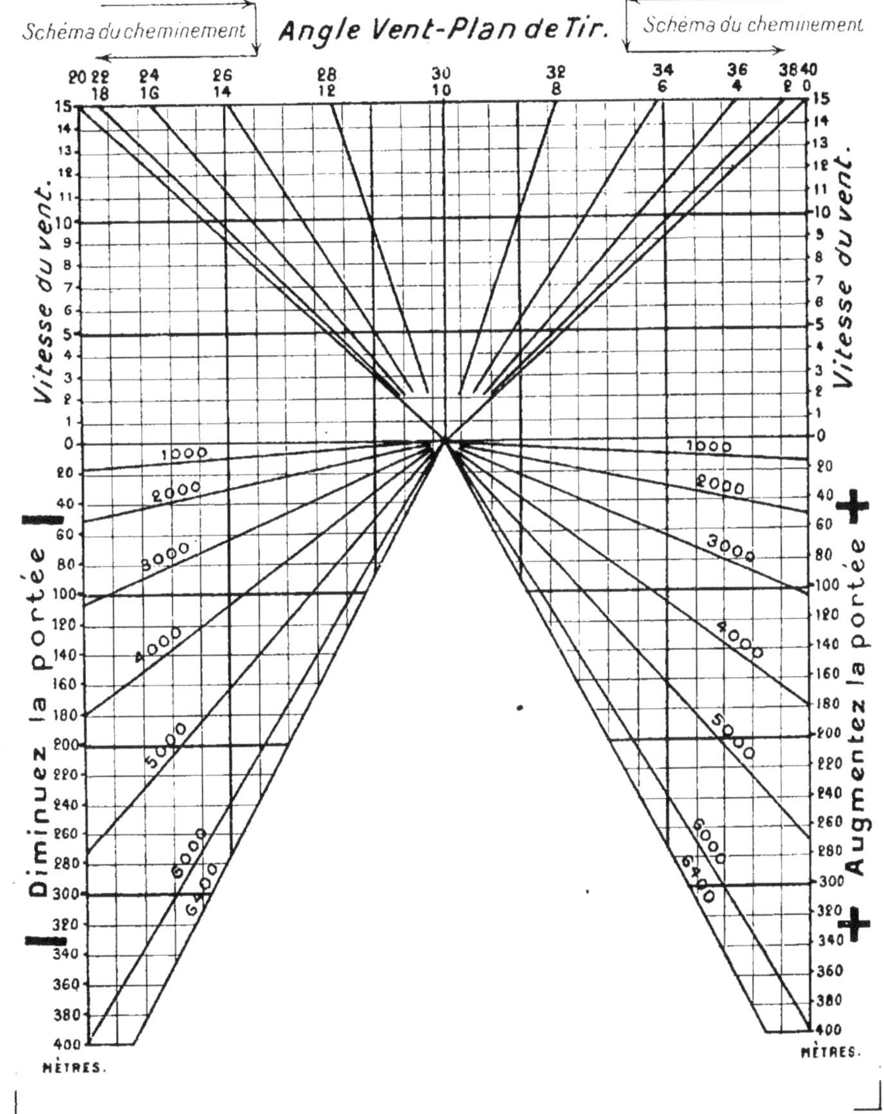

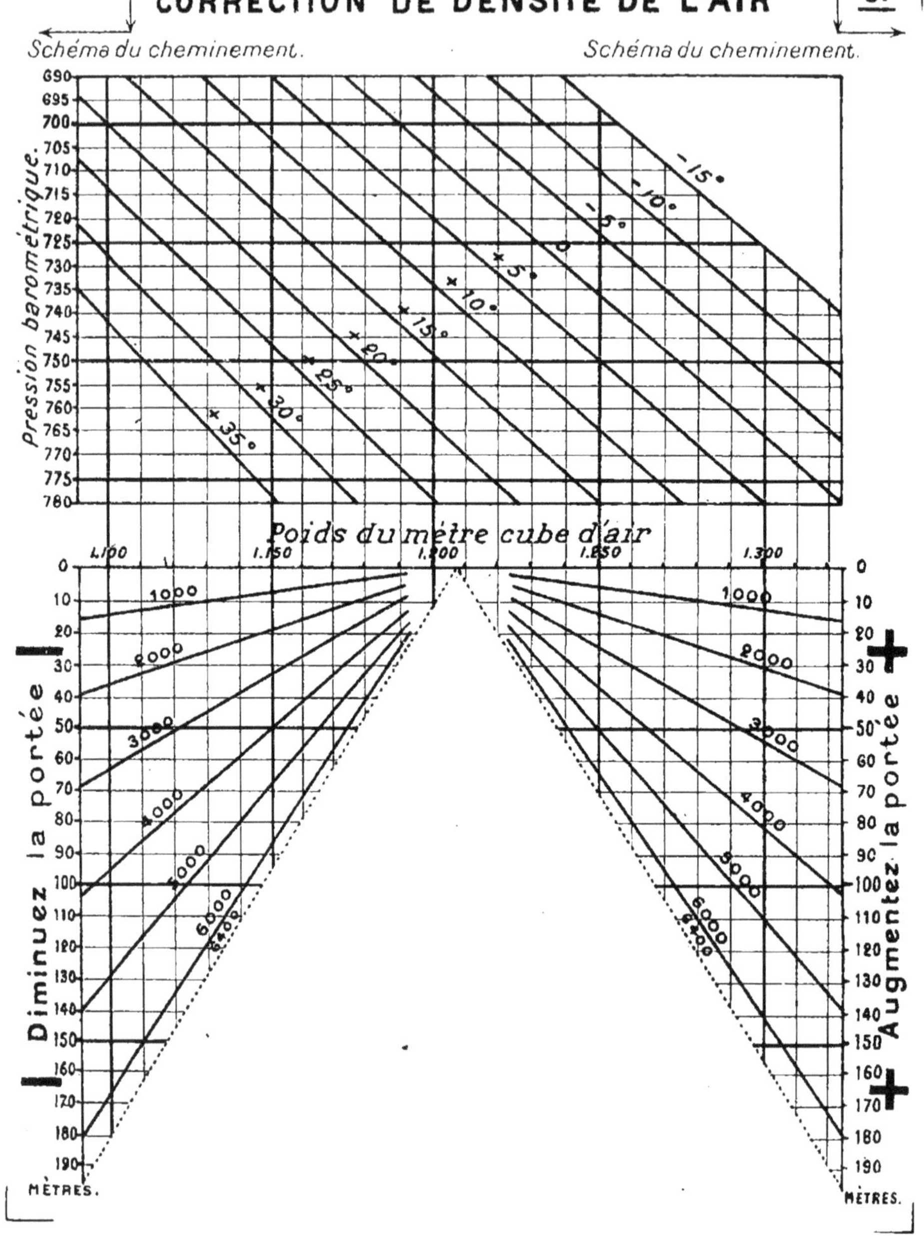

Schéma du cheminement.
Schéma du cheminement.
pression barométrique.
690
695
700
705
710
715
720
725
730
735
740
745
750
755
760
765
770
775
780
-15°
-10°
-5°
0
5°
10°
15°
20°
25°
30°
35°
Poids du mètre cube d'air
1.100
1.150
1.200
1.250
1.300
Diminuez la portée
Augmentez la portée
1000
2000
3000
4000
5000
6000
6400
1000
2000
3000
4000
5000
6000
6400
MÈTRES.
MÈTRES.

CORRECTION DE VITESSE INITIALE

Variation de vitesse initiale due à la Température de la Poudre

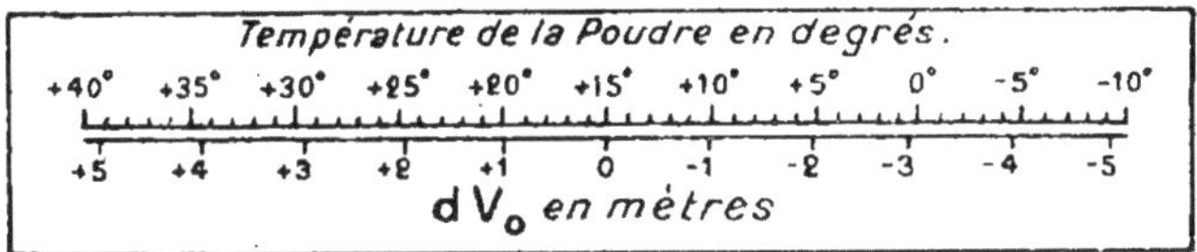

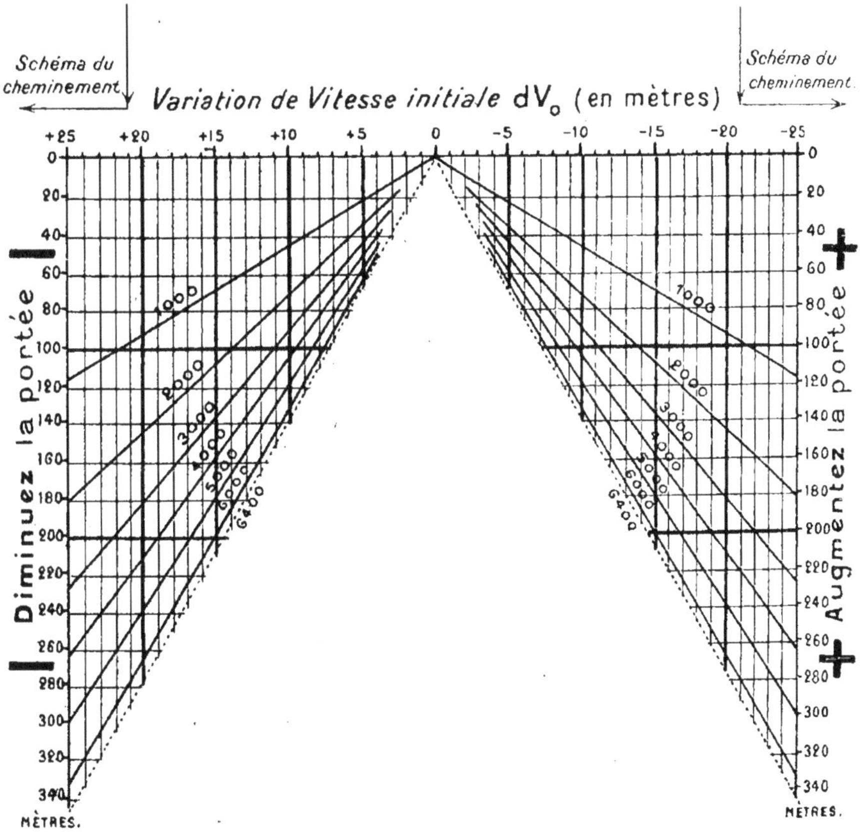

CORRECTION DE POIDS
DU PROJECTILE

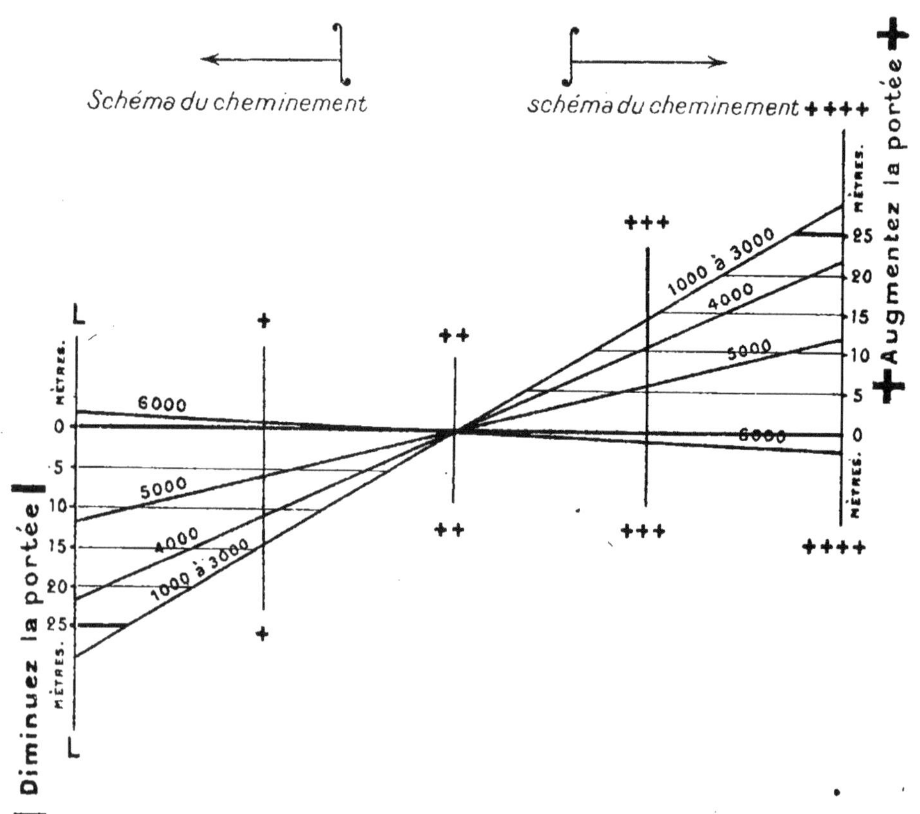

✳ TABLE DE TIR ✳

Left half

Angle au niveau: 3°, 20′, 40′, 4°, 20′, 40′, 5°, 20′, 40′, 6°, 20′, 40′, 7°, 20′, 40′, 8°, 20′, 40′, 9°, 20′, 40′, 10°, 20′, 40′, 11°, 20′, 40′, 12°, 20′

Portée: 1000, 1100, 1200, 1300, 1400, 1500, 1600, 1700, 1800, 1900, 2000, 2100, 2200, 2300, 2400, 2500, 2600, 2700, 2800, 2900, 3000, 3100, 3200, 3300, 3400, 3500, 3600

Hausse: 2000, 2100, 2200, 2300, 2400, 2500, 2600, 2700, 2800, 2900, 3000, 3100, 3200, 3300, 3400, 3500, 3600, 3700, 3800, 3900, 4000, 4100, 4200, 4300, 4400, 4500, 4600, 4700, 4800, 4900, 5000, 5100, 5200, 5300, 5400, 5500 (3800 { Site +100)

Débouché: 1600, 1700, 1800, 1900, 2000, 2100, 2200, 2300, 2400, 2500, 2600, 2700, 2800, 2900, 3000, 3100, 3200, 3300, 3400, 3500, 3600, 3700, 3800, 3900, 4000, 4100, 4200, 4300, 4400, 4500, 4600, 4700, 4800

Right half

Angle au niveau: 12°40′, 13°, 14°, 15°, 16°, 17°, 18°, 19°, 20°, 21°, 22°, 23°, 24°, 25°, 26°, 27°, 28°, 29°, 30°, 31°, 32°, 33°, 34°

Portée: 3600, 3700, 3800, 3900, 4000, 4100, 4200, 4300, 4400, 4500, 4600, 4700, 4800, 4900, 5000, 5100, 5200, 5300, 5400, 5500, 5600, 5700, 5800, 5900, 6000, 6100, 6200

Hausse (Site +100): 3900, 4000, 4100, 4200, 4300, 4400, 4500, 4600, 4700, 4800, 4900, 5000, 5100, 5200, 5300, 5400, 5500

Débouché: 4800, 4900, 5000, 5100, 5200, 5300, 5400, 5500, 5600, 5700, 5800, 5900, 6000, 6100, 6200, 6300, 6400, 6500, 6600, 6700, 6800

CORRECTION DE SITE

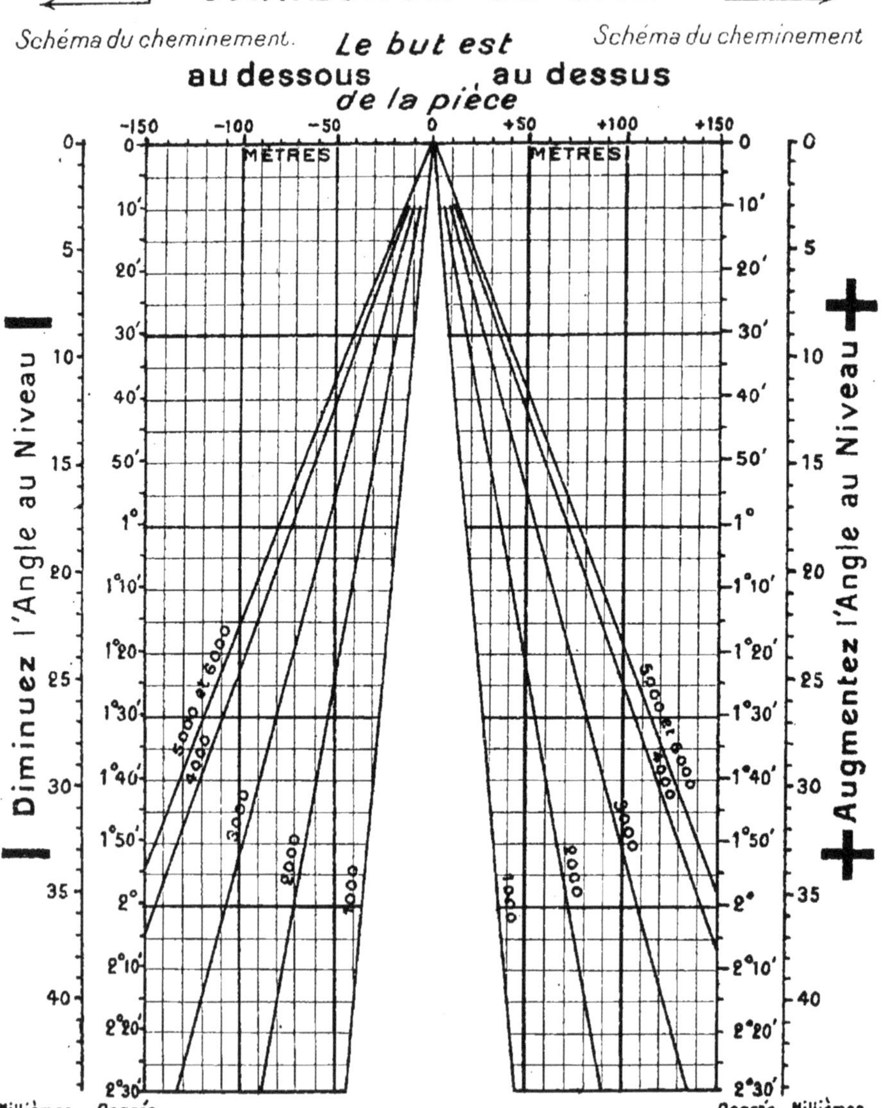

CORRECTIONS DE CONVERGENCE

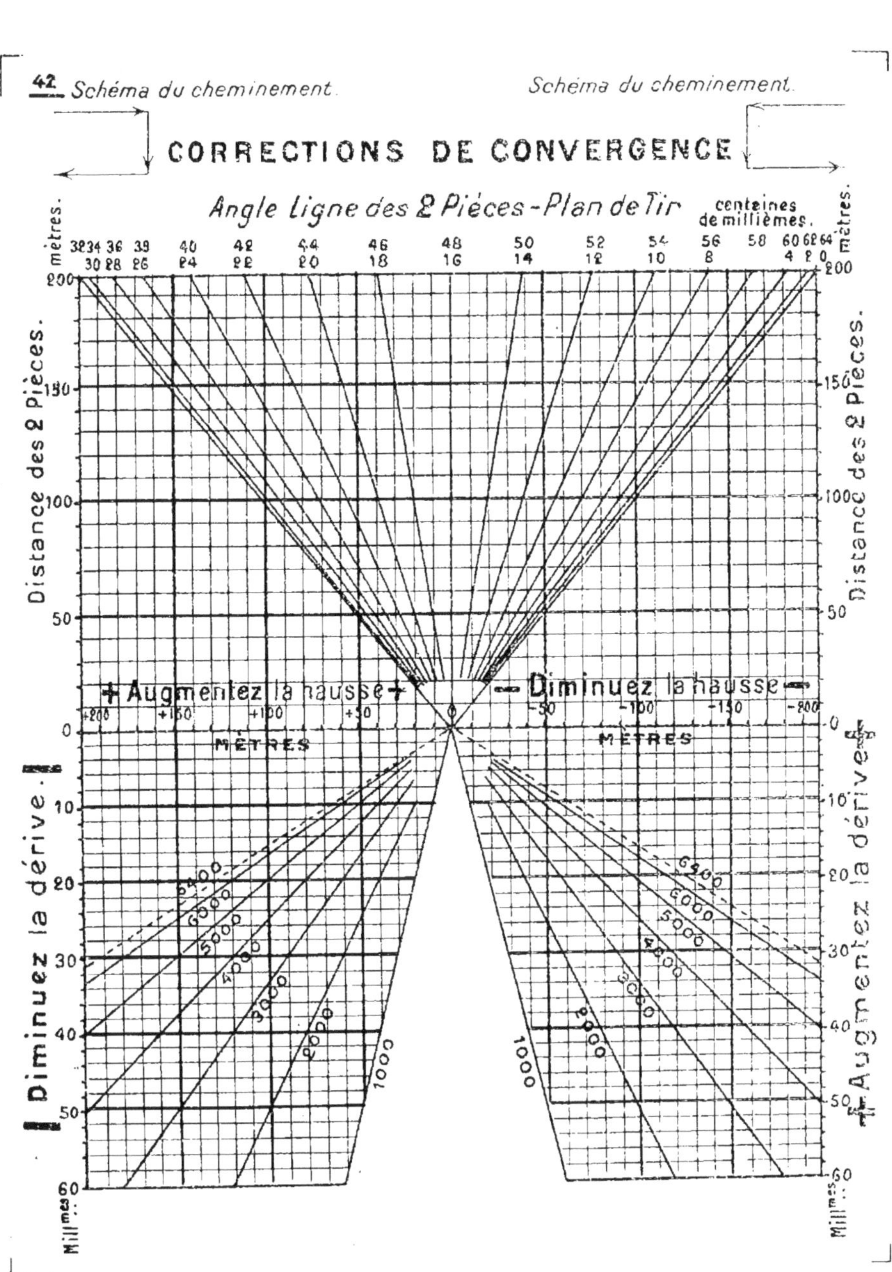

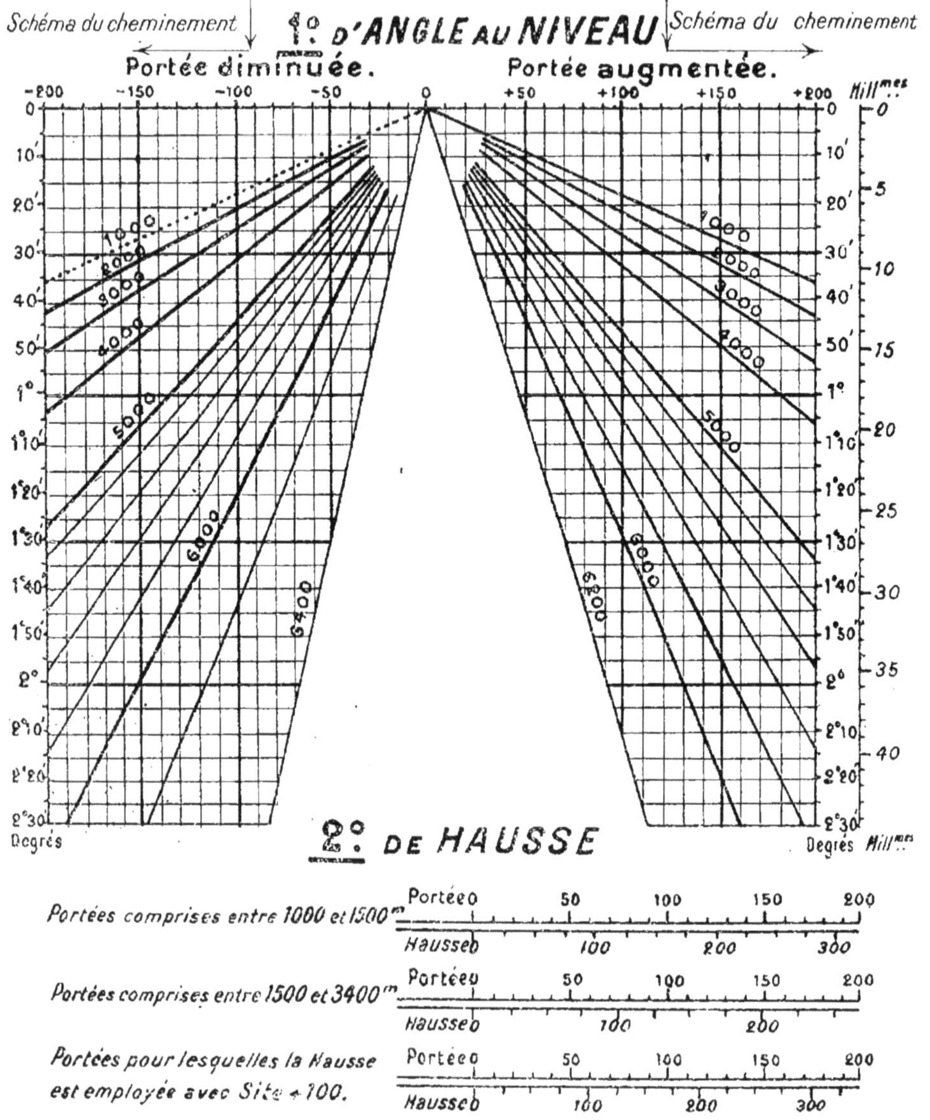

Portées comprises entre 1000 et 1500ᵐ	Portée		50		100		150		200
	Hausse			100		200		300	

Portées comprises entre 1500 et 3400ᵐ	Portée		50		100		150		200
	Hausse			100			200		

Portées pour lesquelles la Hausse est employée avec Site +100.	Portée		50		100		150		200
	Hausse			100		200		300	

FOURCHETTES   ECARTS PROBABLES   ANGLES DE CHUTE
DES TABLES

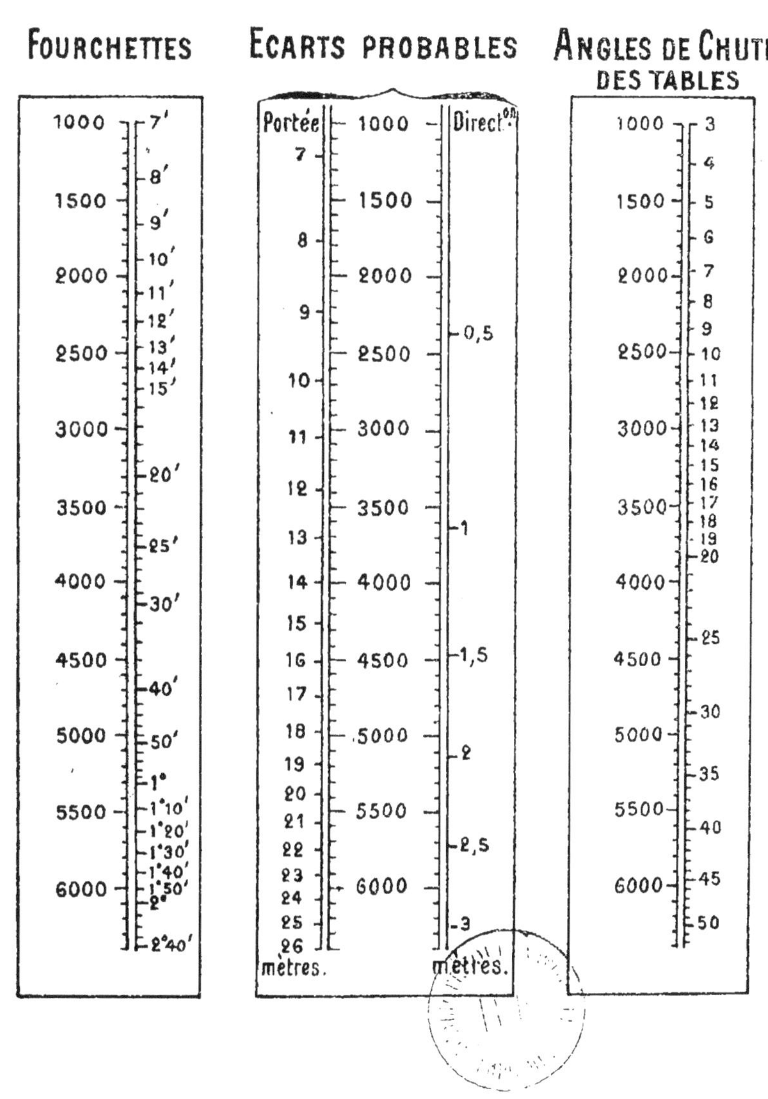